肩《けん》甲《こう》骨《こつ》が立てば、パフォーマンスは上がる！

運動科学総合研究所所長
高岡英夫

KANZEN

■全身筋肉図（前面）

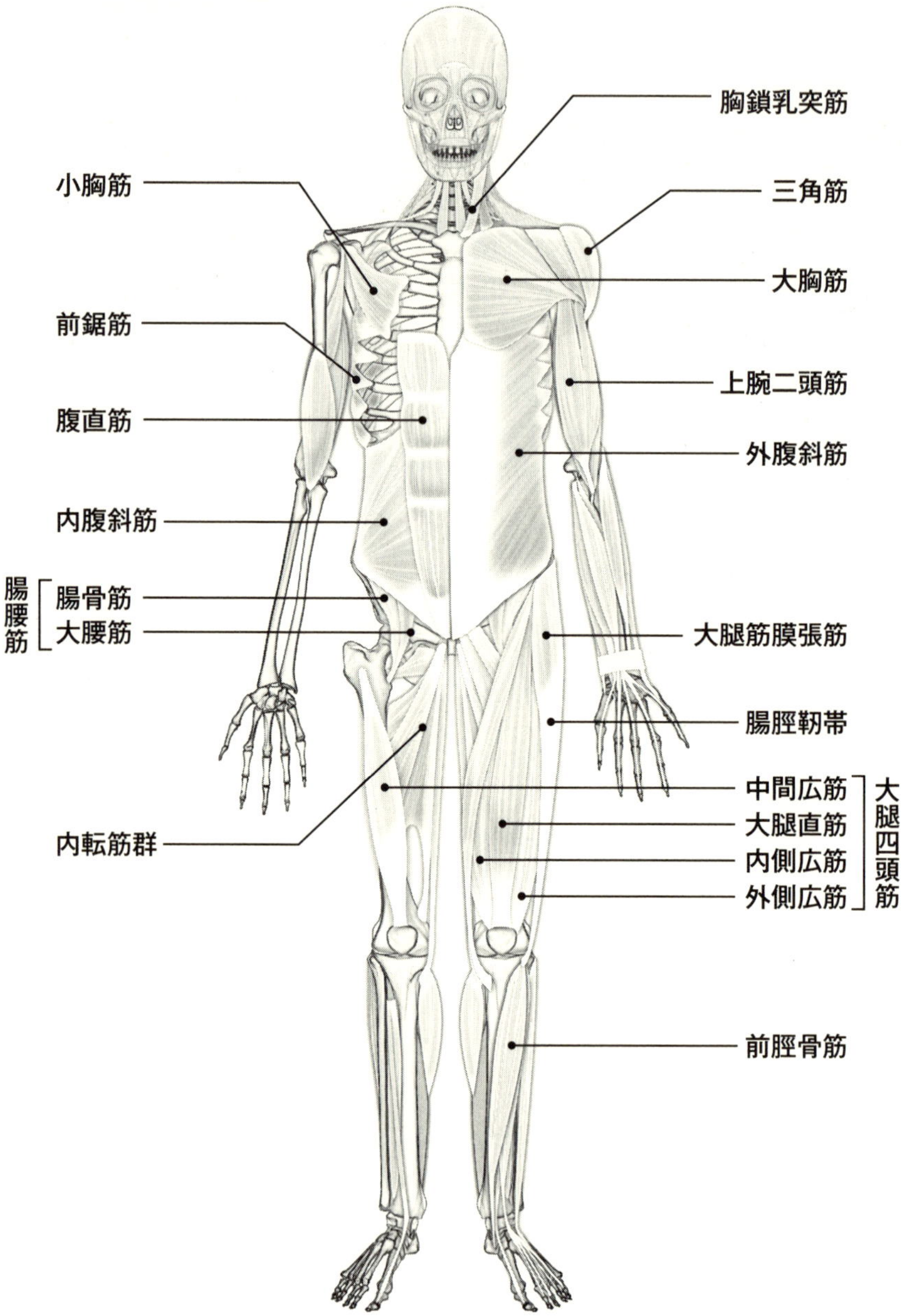
胸鎖乳突筋
小胸筋
三角筋
大胸筋
前鋸筋
上腕二頭筋
腹直筋
外腹斜筋
内腹斜筋
腸腰筋
腸骨筋
大腰筋
大腿筋膜張筋
腸脛靭帯
中間広筋
大腿直筋
内側広筋
外側広筋
大腿四頭筋
内転筋群
前脛骨筋

■全身筋肉図（背面）

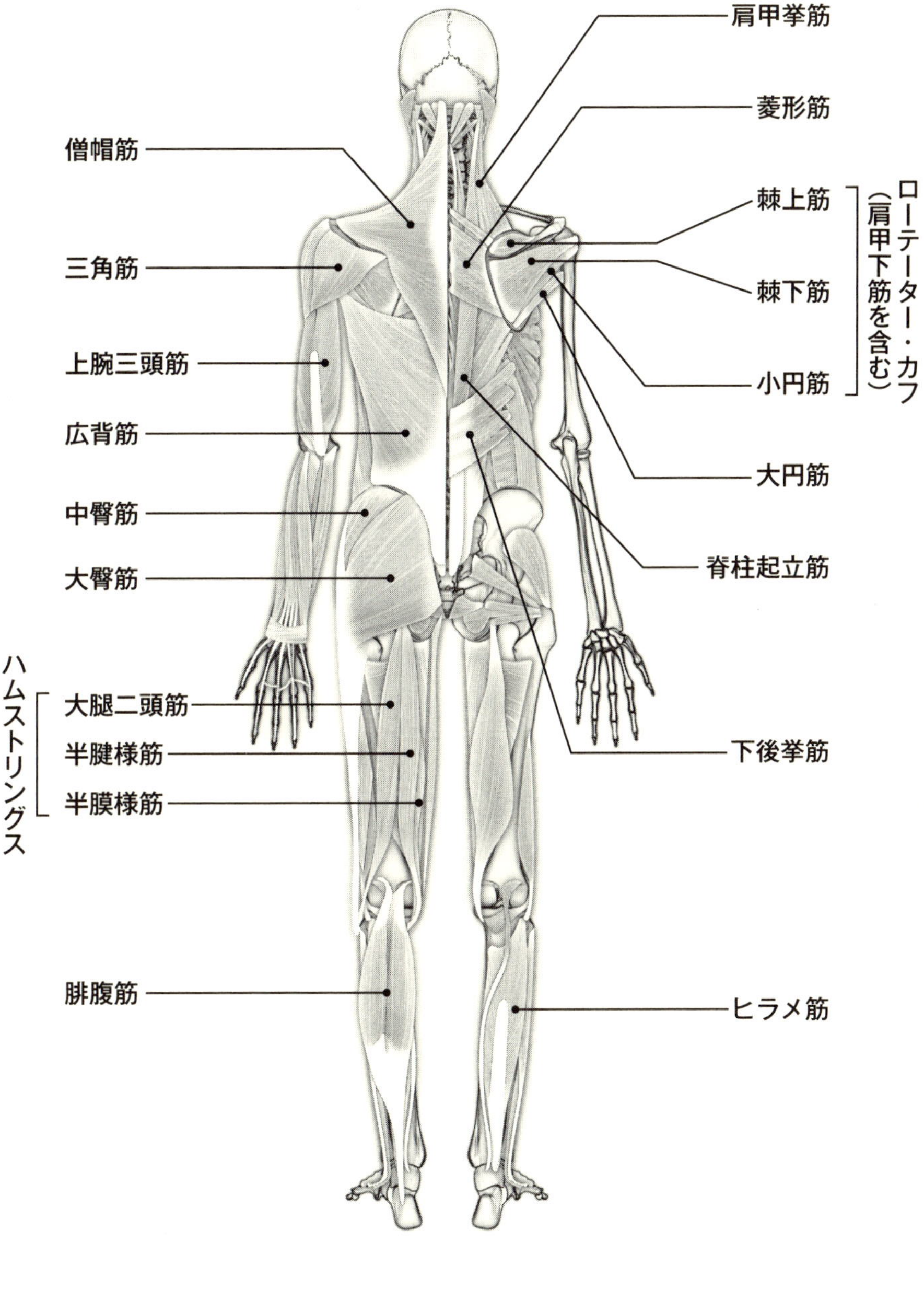
肩甲挙筋
菱形筋
僧帽筋
棘上筋
三角筋
棘下筋
ローテーター・カフ
（肩甲下筋を含む）
上腕三頭筋
小円筋
広背筋
大円筋
中臀筋
脊柱起立筋
大臀筋
ハムストリングス
大腿二頭筋
半腱様筋
半膜様筋
下後挙筋
腓腹筋
ヒラメ筋

■全身骨格図（前面）

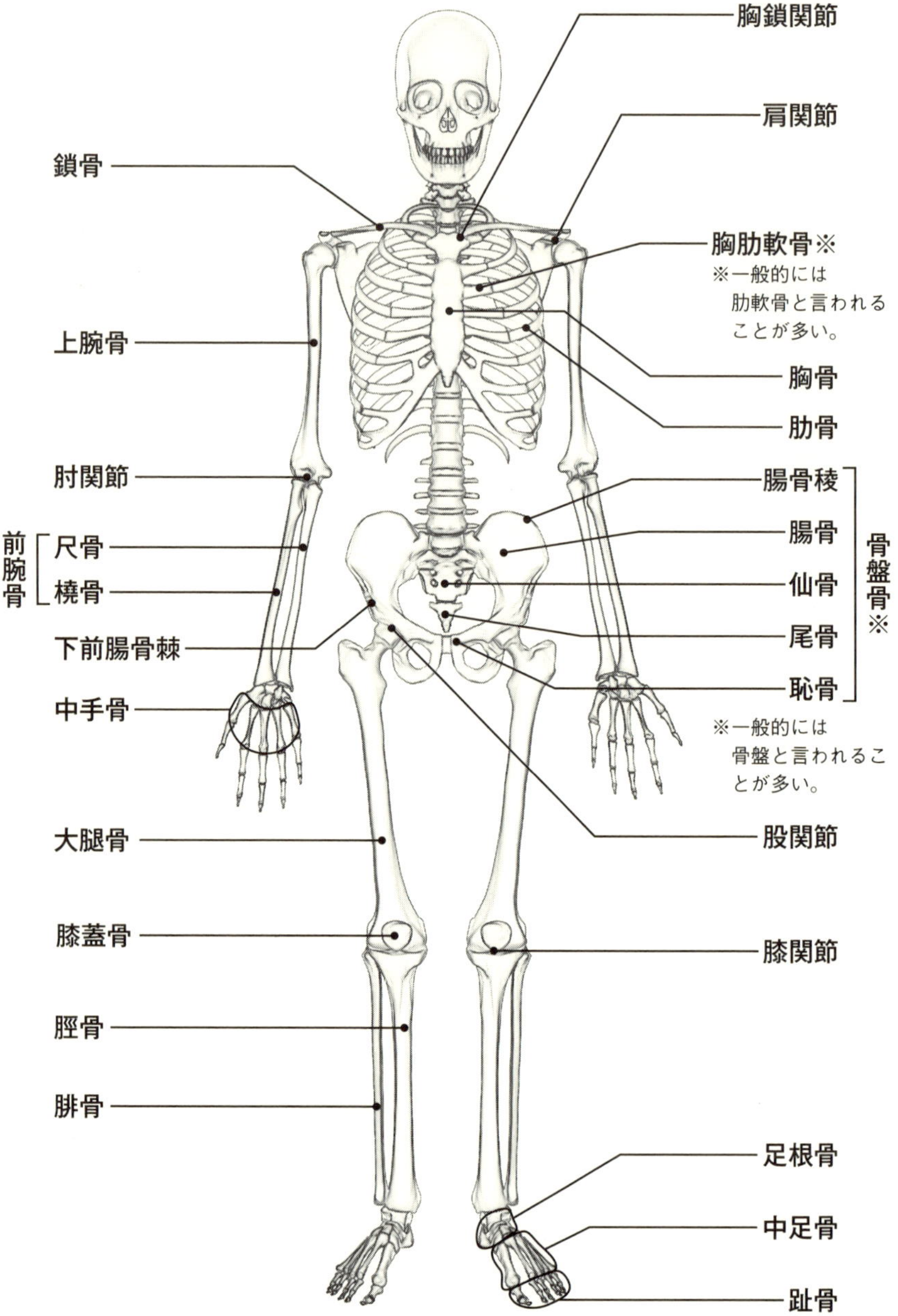
胸鎖関節
肩関節
鎖骨
胸肋軟骨※
※一般的には
肋軟骨と言われる
ことが多い。
上腕骨
胸骨
肋骨
肘関節
腸骨稜
腸骨
前腕骨
尺骨
橈骨
骨盤骨※
仙骨
尾骨
下前腸骨棘
恥骨
中手骨
※一般的には
骨盤と言われるこ
とが多い。
大腿骨
股関節
膝蓋骨
膝関節
脛骨
腓骨
足根骨
中足骨
趾骨

■全身骨格図（背面）

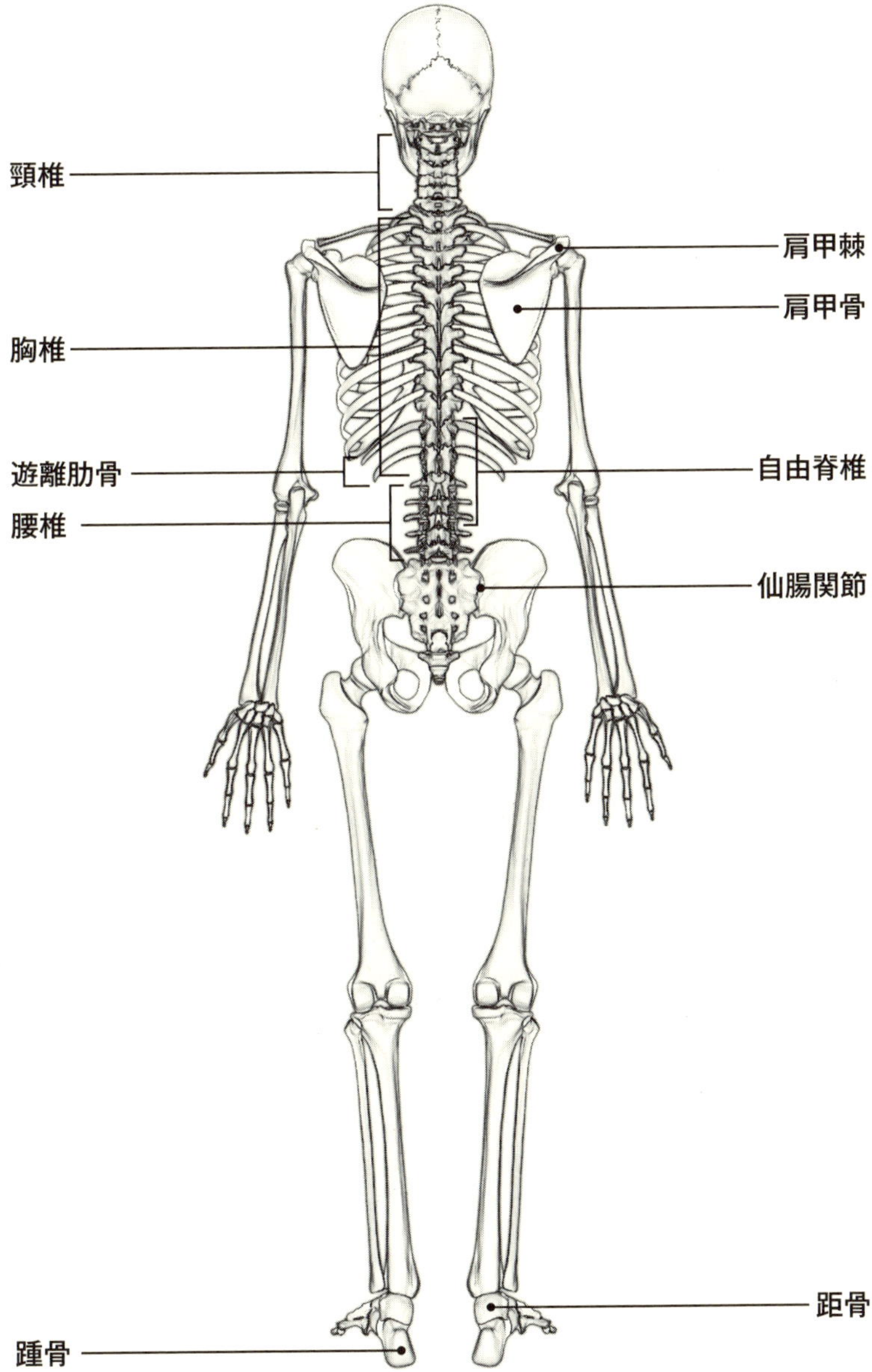

目次

第2章 「立甲」の正確な方法

第3章 「立甲」でパワーアップする

第4章 立甲と甲腕回旋力で「歩力・走力」を高める

第5章 立甲と甲腕回旋力で「投力」を高める

第6章 立甲と甲腕回旋力で「打力」を高める

第7章 立甲と甲腕回旋力で「蹴力」を高める

序章

「立甲」とは何か

「立甲」とは肩甲骨が立った状態

人間は肩甲骨を自由自在に動かせるように生まれてきた

本書はタイトル通り、肩甲骨と身体運動のパフォーマンスとの関係を解き明かすことでアスリートのパフォーマンス向上に強力なアイディアと方法を提供する、画期的な一冊です。

それを象徴するかのように、表紙もかなり独特で、スポーツの競技力を高めることをテーマにした書籍としては、非常に珍しいブックデザイン（装丁）をしていると感じられた方も多いのではないでしょうか。

それと同時に、ほぼ直感的に、野生動物と共通する何かをイメージされたことでしょう。

じつはそこに、本書でみなさんにぜひともお伝えしたい、パフォーマンスを高める世界最先端の肩甲骨のメカニズムに関する情報が隠されているのです。

みなさんが表紙から連想された、**この不思議とも言える野生動物のような肩甲骨の状態のことを、「立甲《りっこう》」と言います。**

この言葉と本書のタイトルから、「立甲」＝「肩甲骨が立っていること」とすでに直感的に推測されたとしたら、それは正しい直感です。

科学的にも、これは「肩甲骨が立つ」というべき理由があるので、それについては、のちほどゆっくり語らせていただきます。

この「立甲」という現象は、私が東京大学の大学院にいた当時、運動科学の格好の研究対象のひとつとして取り組んだもので、これについては、新しい概念を与える必要があるほど重要だと考え、わざわざ「立甲」という新しい言葉を作ったのです。

一般的には、肩甲骨がさまざまな方向に自由自在にゆるゆるに動いたり、さらには立ったりすることはほとんど知られていないかもしれませんが、本書を手に取られたみなさんは、まず「肩甲骨は自由自在にゆるゆるに動き、立つものだ」ということを認識していただいたうえで、本書を読み進んでください。

一方で、わざわざ「立甲」に注目して、それについて一冊の本にまとめるということは、通常は「立甲」ではないという事実を意味しています。

では、「立甲」ではない普通の肩甲骨はどうなっているのか?

「立甲」が「肩甲骨がゆるゆるに立った状態」だとすれば、その反対は「固まって寝た状態」です。つまり、肩甲骨は通常、固くなって寝ているわけです。

それは言い換えれば、肩甲骨が自由度を失って肋骨にへばりついてしまっているということです。

ここでまず、人間にとって、肩甲骨が寝ている状態と立っている状態とでは、どちらがノーマルなのか、あるいは望ましいのかを考えてみましょう。

昔の子どものように、外で伸び伸びと遊び転げて育っている小学校低学年以下の小さな子どもに、両方の肩甲骨を触ってあげながら「この骨を動かしてみて」と言うと、それこそ大人が驚くほど、グニャグニャと言いたくなるほどさまざまに動かしてくれます。

それに対し、大人になると、肩甲骨は動かそうと思っても腕を大きく動かさない限り、ほとんど動かせないのが普通です。

じつは、このことには大変深い意味があるのです。

こうした、子どもの肩甲骨がそれほどよく動くという事実は、そもそも人間はグニャグニャに、自由自在に肩甲骨を動かせるように生まれてきたことを証明しています。

ではなぜ、人間は肩甲骨がグニャグニャに動くように生まれてきたのでしょう?

それは人間が、四足歩行動物（以下、四足動物）から進化した存在だからです。

たとえばチーター。チーターは大草原を時速100キロ以上のスピードで疾走する、地上最速の動物です。そのチーターが、全速力で獲物を追いかける姿を思い出してください。

テレビなどで、誰もがチーターの疾走シーンをご覧になったことがあるはずです。その全速力で走っているチーターの肩甲骨はどうなっているでしょう?　よく見ると、チーターの肩甲骨はほぼ垂直に立っていて、それがまるで機関車の動輪のように動き、その動輪の先に伝達装置としての前脚（前肢とも言う）があって、それが力強く、しなやかに、極めて高速で地面をとらえ、疾走しているのがわかるはずです。そして、トムソンガゼルやインパラを追いまわし、追いかけられた動物が瞬時に鋭くターンして、チーターを振り切ろうとしたときにも、一瞬も遅れず同じように方向転換し、見事に獲物をとらえます。

この極めてクイックな方向転換の瞬間を肩甲骨に注目すると、チーターの前脚は肩甲骨と一体となって肩甲骨ごとサッとターンの反対方向を指すように動いて、その結果、一瞬も間を置かず急角度のターンを可能にし、獲物を追っているのがわかります。

この動きができるチーターは、獲物となる動物が右に左に何度も急角度の方向転換を繰り返しても、それに対して少しも遅れず追うことができるのです。

つまり、こうしたチーターのハイパフォーマンスの主役を担当しているのは、

■疾走するチーター

時速100km/h以上のスピードで疾走するチーター。ほぼ垂直に立った状態の肩甲骨と前脚が一体となって動くことで、ハイパフォーマンスを実現している。

■肩甲骨周りの筋肉

背面

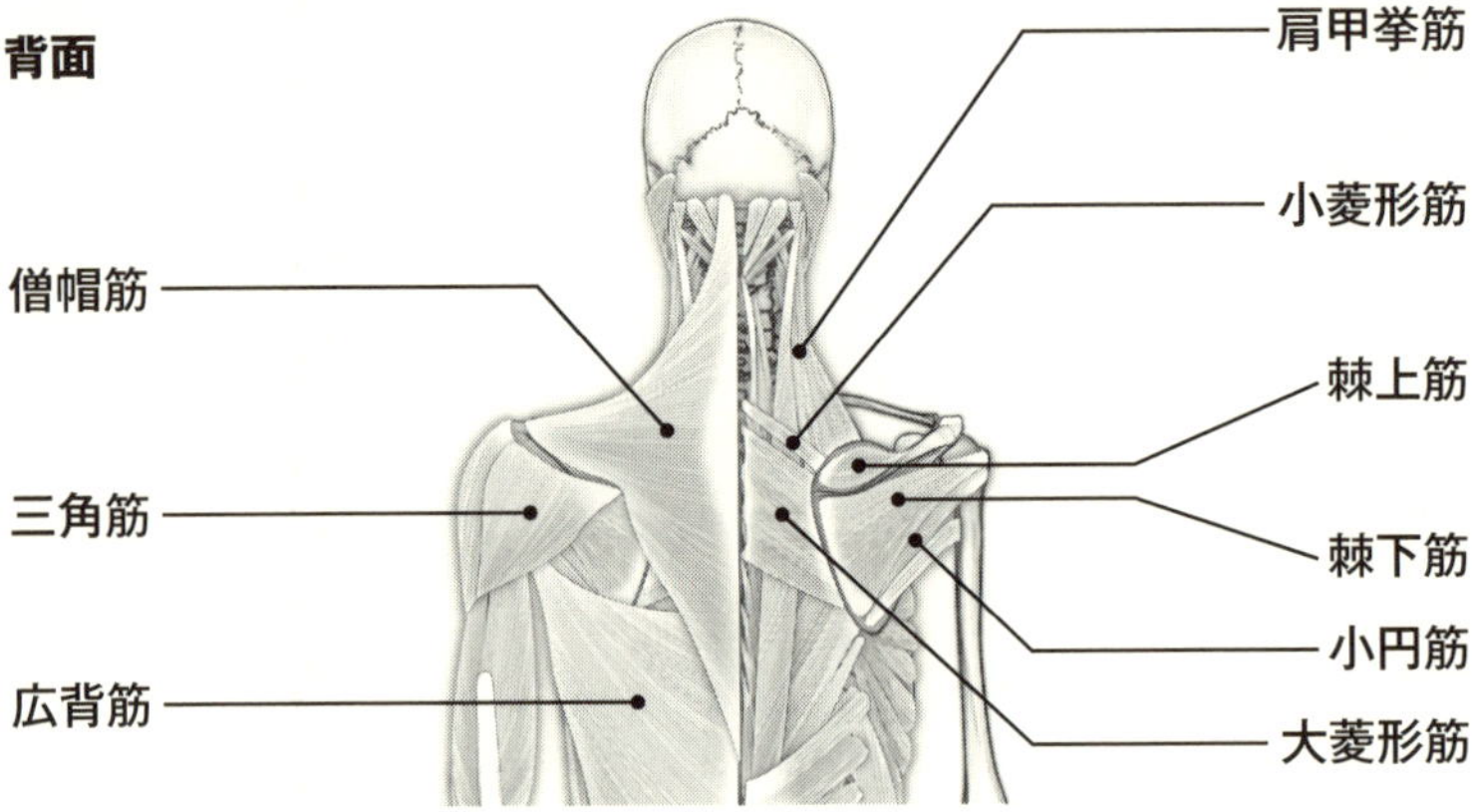

肩甲下筋

前方から肋骨を
取り除いて見た図

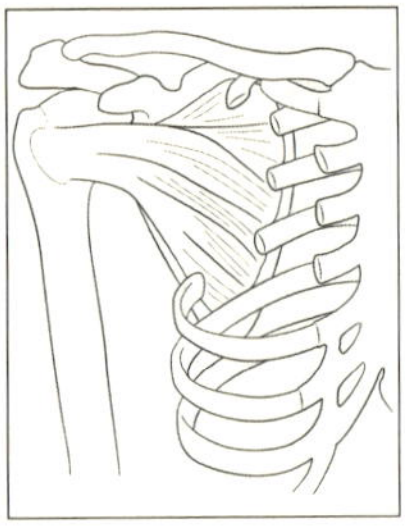

上から見た図
（わかりやすく
モデル化したもの）

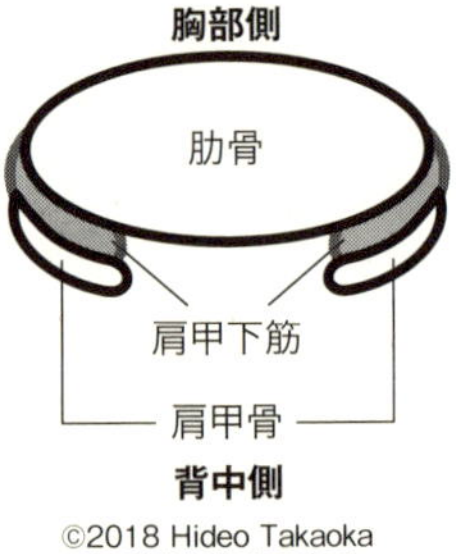

背中側と胸部・腹部側にある肩甲骨周りの筋肉。これらの筋肉がゆるんでいればいるほど、肩甲骨はよく動き、立甲やスポーツにおけるハイパフォーマンスが可能になる。とくに、肩甲骨と肋骨の間にあるクッションのような筋肉「肩甲下筋」が、よくゆるんで柔らかいほど、肩甲骨の柔軟性、自由度は増す。

前面

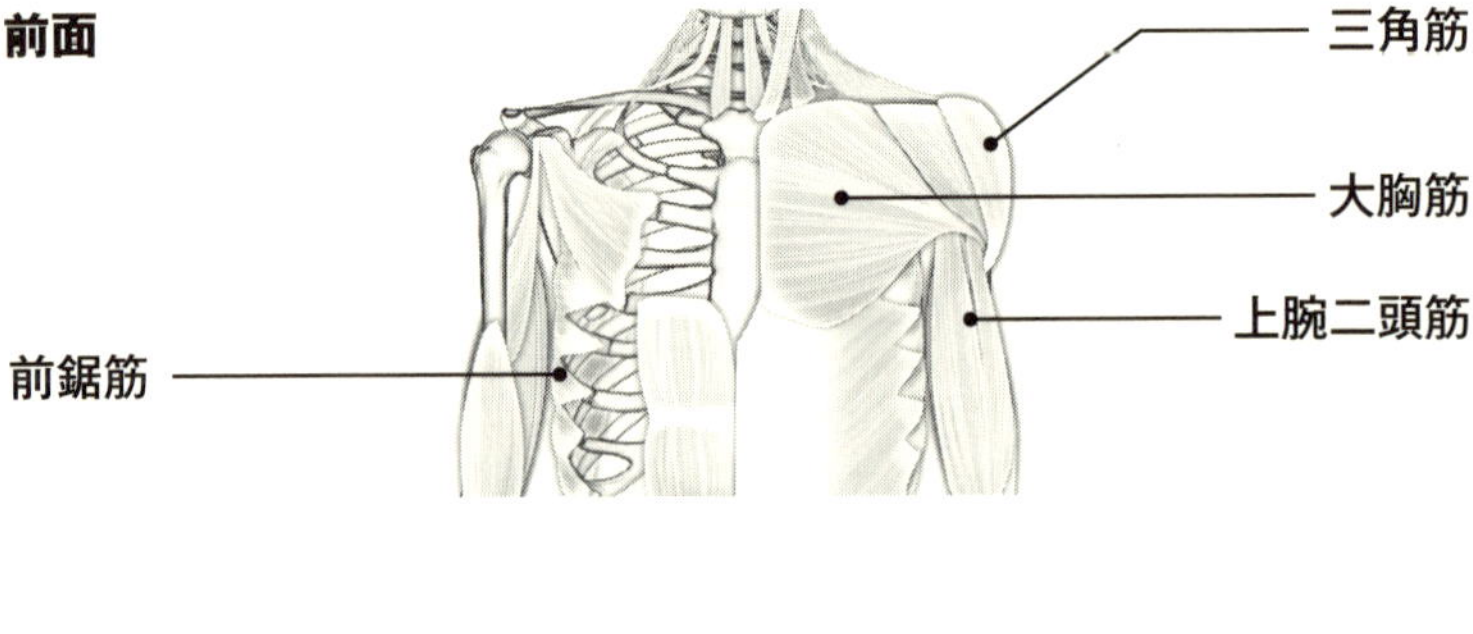

肩甲骨だったのです。しかもチーターの肩甲骨は、ただ単に高速で自由に動くだけでなく、基本的にゆるゆるに立った状態で働いています。これが非常に重要なポイントなのです。

肩甲骨に限らず、物体が自由に高速に動くためには、ある条件が必要になります。もしも、その物体とその物体を支える土台の部分との関係が、くっついて固まっているとしたらどうでしょう? 決して自由には動けないはずです。しかも、その状態で高速で動くとしたら、とんでもない摩擦熱が生じ、燃えたり爆発したりしてしまいます。

もし、チーターが全力疾走するたびに、肩甲骨周りが摩擦で煙が出るほど高温になったら、全力で走るチーターなど、この世から一匹もいなくなるでしょう。

ということは、**チーターの肩甲骨とその土台になっているものの間は、ゆるゆる、ツルツルの超低フリクション(摩擦)状態にあるということです。**

では、そのチーターの肩甲骨の土台になっているものは何か? それは当然、肋骨です。そして、肩甲骨と肋骨の間には、座布団かクッションのように幅広い筋肉が横たわっているのです。聞き慣れない名前でしょうが、この筋肉を肩甲下筋《けんこうかきん》と言います。つまり、肩甲骨はこの肩甲下筋が柔らかくフワフワに働いている限り、肋骨の上でフワフワに浮いたまま自由自在に動くことができる、そもそもそういう構造をしているというわけです。

チーターの場合も、肩甲骨と肋骨の間がゆるゆる、ツルツルで、何の抵抗もないほど、低フリクションにならないと、あれだけ高速で動き、しかも自由に肩甲骨の向きを変えることは絶対に不可能なのです。

このことを踏まえて、みなさん、肩甲骨を動かしてみてください。どうでしょう？　チーターのようにゆるゆる、ツルツルだったでしょうか？

先ほど、昔のように育っている小学校低学年以下の子どもなら、肩甲骨がグニャグニャに動くと言いましたが、現在では小学生でも大人のように肩甲骨が動きづらくなっている子もたくさんいます。たとえば、中学受験のための勉強を早くから始めて、机に向かってじっとしている時間が長い子どもは、残念ながら肩甲骨がかなり動かない傾向があります。

子どもらしく、屋内外でしょっちゅう飛んだり跳ねたりして自由に遊びまわっている子どもほど、やはり肩甲骨を動かすのは得意です。そもそも、子どもはそうやって遊ぶのが本来の姿だとも言えますが、そうした活発な子どもたちは、チーター並みとはいきませんが、肩甲骨がよく動きます。

肩甲骨がよく動くということは、肩甲骨周りや肩甲骨と肋骨の間の筋肉が、ゆるゆるにゆるんでいるということです。筋肉が伸縮自在で、緊張と弛緩、伸びたり収縮したりすることが、思うままに行われる状態にあるわけです。

トッププロでもチーターより固い肩甲骨

では、読者のみなさんの肩甲骨はどうですか？　小・中学生、高校生、大学生、社会人。趣味としてスポーツを楽しんでいる人から、各都道府県代表クラス、全国クラス、プロの選手、プロのトップレベル、オリンピックレベル、金メダリストレベル、世界記録更新レベルなどのさまざまなアスリートまで、自分の肩甲骨の自由度を再確認してみてください。

かなりのアスリートだとしても、毎日、屋内外で伸び伸びと遊んでいる小学校低学年の肩甲骨ほど自由自在に動く人は、数少ないのが現状です。ましてや野生のチーターのように、ゆるゆるツルツルの高速運動と自由運動を体現する肩甲骨のもち主は、世界のトップアスリートでも皆無です。

では、その原因はどこにあるのか?

それは、さまざまな動きに対する社会的な制限に集約されます。グニャグニャだった小学校低学年の子どもも、小学校の高学年、中学、高校と成長していくうちに、グニャグニャ、クネクネと何やらわけのわからない動きをして、しょっちゅう遊んでいるわけにはいかなくなります。

スポーツに熱心に取り組んでも、結果はあまり変わりません。なぜなら、スポーツは運動ではありますが、自由にどれだけ動けるのかというと、意外に動けないものだからです。

それぞれの種目によって決まった様式、動作、フォーム、所作、パターンなどがあって、それに則った動きや行動を強いられるので、運動、スポーツをしているからと言って、幼児期にグニャグニャと好き勝手に動いていたときのような動きは許されなくなっているのです。

じつはスポーツをやっている本人も、指導者も、両親もそのことにまったく気づいていないのが現状です。

それゆえ、毎日机に向かって勉強ばかりしている子に比べれば、スポーツに打ち込んでいる子どもの方が、まだ肩甲骨を動かす機会に恵まれてはいますが、厳密に言えば、両者の違いは決定的なほどには大きくないのです。

そして、そのまま中学、高校、大学、社会人となっていき、仮にプロのスポーツ選手になったとしても、**専門種目に熱心に取り組めば取り組むほど、その種目特有の動きや行動パターンに限定されてしまうので、特別に肩甲骨を柔らかくするトレーニングをしていない限りは、あのゆるゆる、グニャグニャの肩甲骨の動きからはだんだん遠ざかってしまうことになるのです。**

というわけで、何かのスポーツに打ち込んでいたとしても、肩甲骨の動きに関して言えば、普段、何もスポーツや運動をしていない大人よりはましという程度のアドバンテージしかないのが現実です。

いわんや、大自然の中で暮らす野生のチーターのように、あえて言えば、ときにそのチーターの追撃をも振り切るトムソンガゼルやインパラだって、チーターに近いような肩甲骨の動きを体現しているわけです。しかし、そのようにゆるゆるツルツルで、高速で動き、なおかつ自由自在に動く肩甲骨は、かなりのレベルのアスリートでも失われてしまっていると言っていいでしょう。

動物の中でも独特な人間の肩甲骨

四足動物の肩甲骨は立っている

次の大事な話は、「肩甲骨が立つ」ということです。冒頭で「立甲」＝「肩甲骨が立つ」と説明しましたが、じつは人間の肩甲骨は他の動物に比べ、かなり独特なポジションにあります。

チーターやトムソンガゼル、インパラなどの四足動物に比べると、人間は肋骨の形が根本的に違うからです。

物体を前から見た図を正面図（四足の場合は身体を頭の方向から見た図とする）と言いますが、次ページで四足姿勢の人間の肋骨と四足動物の肋骨の正面図を見比べてみてください。

四足姿勢での人間の肋骨は、上下方向にペチャンコで薄く、左右方向に幅広い楕円形になっています。一方、四足動物は左右方向がペチャッと潰れた上下に長い楕円形をしています。人間の肋骨を90度くるりと回したような形になっていて、左右に薄く扁平の状態です。この四足動物の肋骨が左右に薄い形をしている事実を目の当たりにしたとき、人は

■四足動物と人間の肋骨・肩甲骨・前肢（腕）の関係図

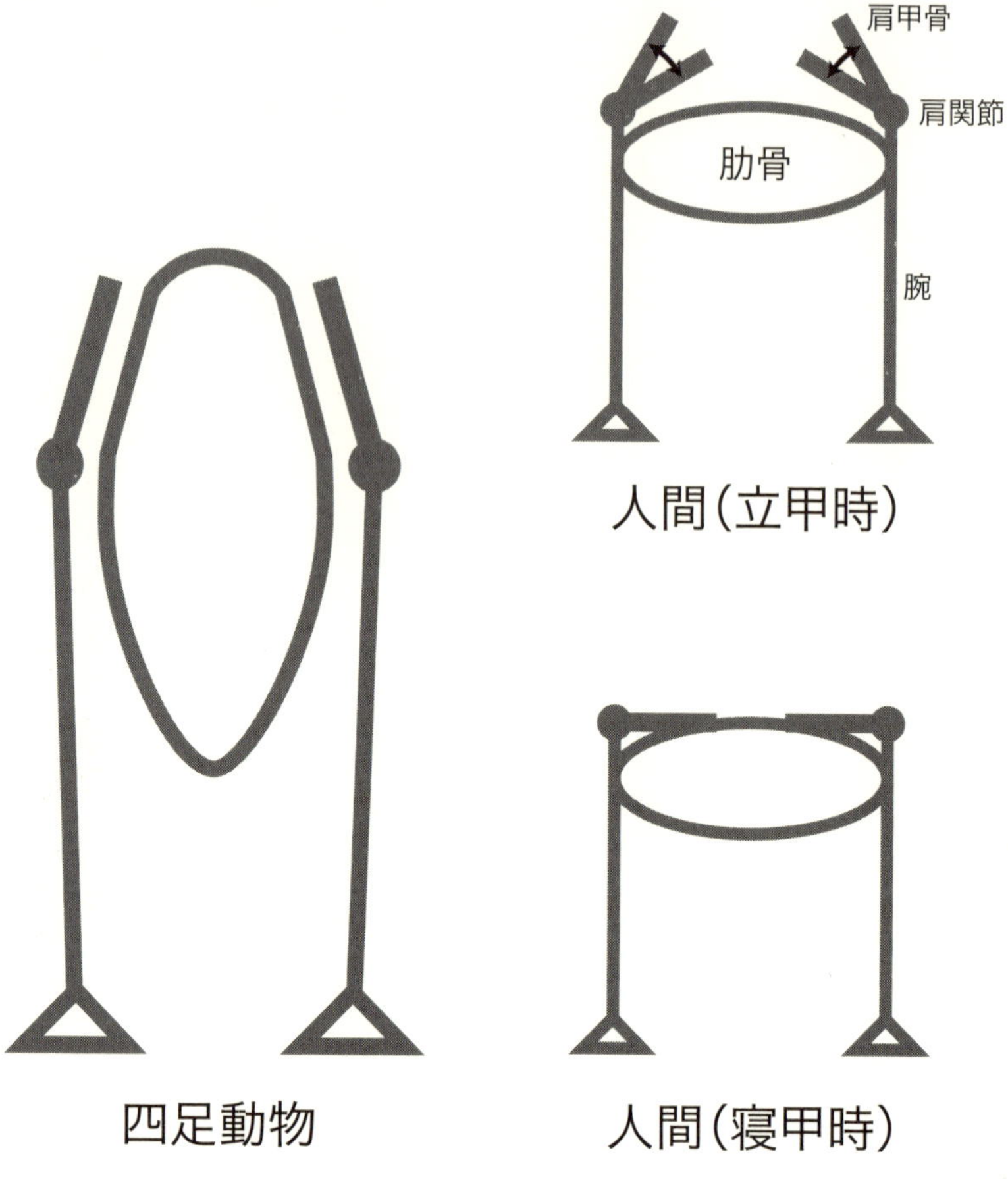

©2018 Hideo Takaoka 運動科学総合研究所

四足動物の肋骨は左右が潰れ、上下に長い楕円形をしているのに対し、人間の肋骨は上下（立位では前後）が薄く、左右に幅広い楕円形となっている。

「エッ、トラってこんな薄っぺらな体をしてんの?!」などと、叫びたくなるほどの驚きを禁じ得ません。

そのうえで、この状態を見て、何かお気づきにならないでしょうか?

この四足動物の肋骨に肩甲骨をくっつけてみると、肩甲骨が立っていることがわかるはずです。

「立つ」というのは、より垂直に近い状態という意味ですが、じつは、もうひとつの意味があります。

それは**前脚=前肢（人間で言えば腕）が、地面に対してほぼ垂直に立っていると同時に、肩甲骨とかなり一直線に近い状態でつながっている**ではありませんか。つまり、脚と肩甲骨が一直線に近くつながっているところも、いかにも立っている感じがすると同時に、肩甲骨自体も立っているという感じがします。したがって、私たちは四足動物の肩甲骨に対し、二重の意味で立っているという印象を受けるわけです。

一方、人間はどうでしょう?　通常の立位姿勢で考えると、肩甲骨が左右に幅広くなっている背中にペタリとくっついていて、その外側に肩関節があり、さらにその前方に鎖骨があって、その鎖骨が胸の中心部に伸びています。腕はその肩甲骨と鎖骨の間の肩関節からつながっており、その腕を前に伸ばして、その状態のまま肋骨全体を前に90度倒すと、四つん這いの姿勢=四足動物が立っている状態と同じ姿勢になります。

そのとき、人間の肩甲骨はどうなっているか?　四足動物と同じように、立っていると言えるでしょうか?

人間の肩甲骨は立っていません。残念ながら、やはり寝ている状態です。人間が四足姿勢になったとき、肩甲骨は水平面に近いような肋骨の上に、ペタッとくっついて乗っている状態、まさに寝た状態になってしまいます。

そのとき、肩関節からつながっている腕を見てみると、腕は地面に対してほぼ垂直。対する肩甲骨はほぼ水平なので、腕と肩甲骨の角度は直角に近くなっており、一直線につながっている感じはまったくありません。つまり、二重の意味で立っている感じはないということになります。

これは当然と言えば当然ですが、人間の骨格は四足動物から進化して、その進化の過程でこのように変形してしまったわけです。

ということは、肋骨の形が、上下に厚く左右に薄い扁平という四足動物の状態から、人間はその真逆、(立位で)前後に扁平で左右に幅広くなっただけでなく、肩甲骨の位置と方向性が特別な意味をもつようになったということです。

したがって、もし、四足動物のような肩甲骨の位置と方向性を人間に求めるとしたら、それは肋骨の横にあたる体側にレイアウトしなければならなくなるということになります。この位置なら、人間の骨格でも、肩甲骨は四足動物のように立つことになります。また、その状態で四つん這いになれれば、腕の上腕骨とも垂直に近くつながります。このときはじめて、人間の肩甲骨も二重の意味で立っている状態になるわけです。

ところが、人間の体側は非常に狭くなっています。肋骨の前後の長さは十分ではありませんし、同時に背骨からも大きく離れています。背骨から大きく離れているということは、背骨からの筋肉がとても長くなる必要があるということになります。背骨と肩甲骨をつなぐ代表的な筋肉でいえば、肩甲挙筋《けんこうきょきん》、菱形筋《りょうけいきん》といった重要な筋肉が、とても長くならないといけません。

しかし、これらの背骨と肩甲骨を結んでいる筋肉が、そこまで長くなるということは、生命の進化の歴史から考えると、大変難しいことだったのです。

人間の筋肉は人類の進化の過程で伸びなかった

本題とは少し逸れますが、重要なことなので、ここで運動進化論について少し記していきます。非常に面白い話ですのでお付き合いください。

四足動物から人間への進化でもっとも劇的に変わったのは、四つん這いの姿勢から直立二足歩行になったことです。その劇的な進化の要、下半身を見てみましょう。

骨盤の左右股関節の上（下前腸骨棘《かぜんちょうこつきょく》）からまっすぐ降りて、膝のお皿を介して脛骨につながっている、大腿直筋《だいたいちょっきん》という筋肉があります。**（2ページの全身筋肉図・前面を参照）**

この筋肉がどういう状態になっているかというと、四足動物は人間と比べて骨盤が90度倒れているので、人間よりも大腿直筋の長さがかなり短くてすみます。

わかりにくければ、手首を伸ばした状態から直角に曲げてみてください。手首を直角に曲げると、その内側にしわができます。つまり、まっすぐだったものを90度曲げると、その内側の長さはかなり短くていいのです。

じつは、四足動物の大腿直筋に相当する筋肉はこの実験でわかる通り、だいぶ短くなっています。なぜなら、その部分の角度が人間の2分の1＝90度しかないからです。

そうした四足動物から進化した人間の大腿直筋の長さがどうなっているかというと、その部分の角度が90度から180度に開いたにもかかわらず、それに見合った長さの大腿直筋をもち合わせていないのです。つまり、**人間の大腿直筋は姿勢が直立になった割には、短い状態**だということです。

人間は四足状態からだんだん立ち上がってきて、直立しました。直立したときに、骨盤骨と大腿骨の関係は、90度広がりました。すると、その分だけ大腿直筋も長くならなければいけません。ところが、進化の中で、ずいぶん時間をかけてきたにもかかわらず、大腿直筋は適切な長さまで長くなりきれなかったのです。

その一番の影響が、歩き方や走り方に出ています。**人間はそもそも大腿直筋の長さが足りないので、脚を後ろに蹴ったとき、大腿直筋のストレッチ長が足りず、その分、ストライド量が増えない**のです。

人類である限り、ほとんどの人が若いときからストレッチ長が常に足りない状況で、その不足が歩く力や走力のマイナスになっています。この事実を知らずに下半身、とくにスクワットなどで大腿四頭筋の筋トレをやり込んだ場合には、この傾向はさらに強くなり、ストライド長はさらに短くなって、歩力・走力のマイナス要因になってしまうのです。

さらに20代以後、年齢を重ねていくと、加齢によって筋肉がますます硬縮して短くなるので、歩幅がどんどん狭くなっていきます。このことは20～30代の現役選手でも、高齢者でも同じです。わかりやすいので、身の回りのお年寄りの歩く姿を観察してみてください。

お年寄りは若い人より歩幅が狭く、しかも脚が前方には出ても、後方にはほとんど伸びていかないという特徴が見られるはずです。

もし、歩いているとき、脚が後方にスーッと伸びて、若い人より十分なストライドで歩く70代前後の男性を街で見かけたら、それは著者である私、高岡英夫だと思ってください。

私は身体運動の研究者として、昔からそのことに気づき、まさにその大腿直筋をゆるめて伸ばすトレーニング法や調整法を開発し、自分自身も取り組んできた実績があります。

そのため、脚を後方まで非常に長く伸ばして、どんな若者よりも豊かなストライドで歩くことができます。実際に年齢の若い20代、30代の人と一緒に歩く機会もありますが、そのストライドの差は歴然です。

さて、私自身の話はともかく、**ここまであきらかになったのは、サルから人類への進化に要した一千万年、あるいはそれ以上の時間をかけても、筋肉はそれほど長くならなかったという事実**です。

筋肉は骨に比べればはるかに柔らかく、そもそも伸びたり縮んだりする特性をもっています。そのため、不思議に思うかもしれませんが、筋肉が伸びたり縮んだりするのは、もともと基準になる長さがあって、それに対して伸び縮みするだけであって、筋肉の基準となる長さそのものについては、歴史的な時間をかけても大きな変化は見られないのです。

背骨と肩甲骨の間の筋肉にも、そのことは見事にあてはまります。

肋骨の形状は、進化の歴史でかなりドラスティックに変わりましたが、じつは背骨と肩甲骨の間の筋肉は、それに合わせて伸びることがなかったのです。

逆に言えば、肋骨のように骨格の形が変わるのは、進化の歴史の中でそれほど難しいことではなかったのです。もちろん、肋骨がなくなってまったく別の骨に変わるとしたら、それは大変なことで数千万年、さらには数億年という膨大な時間が必要になるでしょう。しかし、肋骨が肋骨のまま変形するのは、比較的簡単な作業だったのです。ところが、筋肉の長さはそれに応じて長くなることができなかった……。

したがって人間の肩甲骨は体側ではなく、肋骨の真裏、あの四足状態で言えば、平たい水平面のような背中側の左右の肋骨の真ん中から少し外側寄りの位置に存在することになってしまったわけです。

「肩甲骨」を使いこなせば素晴らしいパフォーマンスを発揮

しかし、このことはデメリットだけでなく、当然メリットも人間に与えてくれました。

四足動物は両脚が平行で、なおかつ垂直になるような脚のポジションに適しています。

しかし、その脚を左右にハの字に、さらには真横から後方にまで広げていくのは、極端に苦手です。キリンが水を飲むときに、すごく不得意そうに脚を広げているのを動物園や映像で見たことがある人もいらっしゃるでしょう。あの不自然さを見ればわかる通り、多くの四足動物は左右の脚を横に広げるのは、極端に苦手なのです。

ゆえに、もし犬に襲われたとき、手に傘などをもっていたら、頭や胴体を叩こうとはせず、相手に飛びかかられる前に傘を左右の前脚の間に入れ、瞬時に左右に振り払うことができれば、大きな犬でもとてもビックリして、たちまち飛びのいて逃げていきます。四足動物にとって前脚を左右に開かれるというのは、それほど致命的に辛いことなのです。

実際にある程度以上、前脚を無理やり広げようとすると、胸側にある筋肉や血管が切れてしまうと言われています。つまり、急所を攻められたり、危険な関節技をかけられたのと同じような意味をもつというわけです。

そうした四足動物の中で、前脚をある程度左右に開くことができるのは、熊ぐらいかもしれません。虎をはじめとした猫の仲間も比較的開く方ですが、その他の四足動物はそう広く脚を開くことはできません。とくに草食動物にはその傾向が強く見られます。

それに対し、**人間は肋骨の裏側に肩甲骨がついたので、腕を左右に広げるだけではなく、後ろにまで手が使えるようになった**のです。前方にも手が使えて、真横もＯＫ。さらには後ろにまで手が届くので、非常に広角に手を使うことができるようになったわけです。

犬は自分で服を着ることはできませんが、人間はあの複雑な形をした服を難なく着られます。こうした作業ができるのも、肩甲骨があの位置についているおかげなのです。

つまり、肩甲骨の位置は、人間的な作業能力として非常に成功している証しと言えるのです。要するに、腕を広範囲に使えるのが人間の特長であり、そのことによって多くのメリットを享受しているのが人間なのです。

そのため服を着ることだけでなく、さまざまな作業が可能になり、たとえば右から左にモノを動かすことひとつをとってもそうです。テーブルを拭くこともそうですし、マフラーを巻いたり、シートベルトをかけるにしても何にしても、人間の身の周りにある作業は、手が広角度に使えない限り、できない作業がかなり多いと言っていいでしょう。

もっとも最近では、人間もだいぶ肉体労働、肉体行動から解放され、パソコンのキーボードだけを叩いていればすむような仕事も増え、人間本来の広角度な腕の動きを必要とする場面は減りつつありますが、それでも毎日服を着替えない人は少ないはずです。

そういう意味で、**人間にとって広角度で腕が使えることを保証した、この肩甲骨の位置は、やはり決定的に大きな成功だった**のです。

ところが、その成功と引き換えに、人間の肩甲骨は寝てしまった……。四つん這い状態で言えば、ほぼ水平に近いような背中側の肋骨にピタッとくっつくように寝た状態。なおかつ、腕と直角に近い角度でつながるようになってしまったのです。

これが何を意味しているかというと、肩甲骨がゆるゆる状態で強大な力を大地に伝え、みずからを高速で移動させたり、瞬時に急角度な方向変化をしたり、強烈なジャンプを繰り出したり、獲物に飛びかかって前脚でその獲物を仕留めたり、そうしたゆるゆるにゆるんだ強烈にパワフルな動きには不向きな身体になってしまったということです。

普通の動き、おとなしく一般的な生活を送っている分には、固くへばりついて寝た状態の肩甲骨でも、肩こりや四十肩、五十肩などの軽い病的な障害を除いては、とくに不自由を感じることはありません。しかし、アスリートのように、一般のおとなしい生活とは打って変わって、極めてパワフルで、自由自在にゆるゆるで、高速かつさまざまな動きを圧倒的瞬時に行わなければならない条件下にある人にとっては、克服すべき問題のある肋骨の形、そして肩甲骨の位置と方向性に宿命づけられているというのが実情です。

スポーツ・アスリートのパフォーマンスを高めるという観点から、人間が四足動物から進化した歴史は何だったのかを解き明かしながら、肩甲骨の可能性を位置づける理論が生まれる必要があったわけです。

そして、それこそが、**運動科学が世界に先がけてリードしてきた「運動進化論」という理論**なのです。

人間はそもそも四足動物から進化したものに過ぎず、人間の身体を駆使して、もっとも上手に使いこなそうとしたときには必ず、動物時代の人間がどういう構造をして、どういう能力を発揮したのかを考察しなければなりません。そこからどう変化し、能力を発揮するには何をするのがベストかということの関係をしっかり押さえないと、決して大きな成功は得られないのです。

これが運動進化論的に、スポーツのパフォーマンスを分析し、トレーニング方法を開発するときの考え方になるのです。

本書は、そうした運動進化論に基づいた考え方にしたがって記された一冊です。

先ほど、骨盤骨と大腿骨の角度と大腿直筋の長さについて語りましたが、本書のメインテーマである「肩甲骨」は、うまく使いこなせば素晴らしいパフォーマンスを発揮しますが、そうでないと、スポーツ・アスリートとしては競技力の向上、そして上達、パフォーマンスの向上、勝利や記録や成績にはなかなか結びつかないことになります。

この序章をここまで読んでみていかがでしょう? 「お、ちょっと肩甲骨が立つ、立甲というものに興味をもってきたぞ」「野生動物の話を聞いて、この立甲というものが、どうやら野生動物と自分たち人間をつなぐ、ミッシングリンクを埋めるカギを握っているのでは?」と思えるようになってきたのではないでしょうか。

その直感は、まさに正しいのです。

本書は、私たち人間の身体運動における、あるいはスポーツにおける、野生動物時代の私たちと現生人類の私たちをつなぐミッシングリンクに、架け橋をかける内容になっております。ぜひ本書を読み進んでいただき、その奥深くにある強力な野生動物の能力を引き出すことで、誰の身体にも隠されている人間本来の可能性を引き出す、画期的なトレーニング法に触れて、「立甲」の世界に足を踏み入れてください。そして、スポーツ・アスリートとして、大きな成長と成功を実現してください。

第1章

「立甲」はすべてのパフォーマンスを高める

立甲とは何か

武道・武術の世界には「立甲」ができる人が多い

序章において、立甲とは「肩甲骨が（ゆるゆるにゆるんで）立つこと」と記しましたが、まさに**立甲とは、背中側の肋骨に対して、通常では寝ている肩甲骨の内側＝背骨に近い側が起き、そして肋骨の平面に対して30度以上、本格的には40～50度前後まで立ち上がってくること**と、おおよそ定義できます。

立甲を体現するのに、もっとも向いているポジションとは、じつはうつぶせ状態、つまり四足状態なのです。

これは骨格や筋肉の構造上もそうなっていますが、いわゆる脳機能のレベルでも、四足状態の方が立甲に適しています。

なぜなら、**我々人類は1０００～5０００万年前に人類と類人猿に分かれるまで、四足中心に暮らしていた**からです。霊長類の出現が約6５００万年前と言われているので、霊長類になってからもおよそ6０００万年は四足歩行の時代があったことになります。

霊長類以前の四足時代の我々の先祖はチーターなどと同じように、肋骨が上下に長く左

■立甲の正しい方法とNG

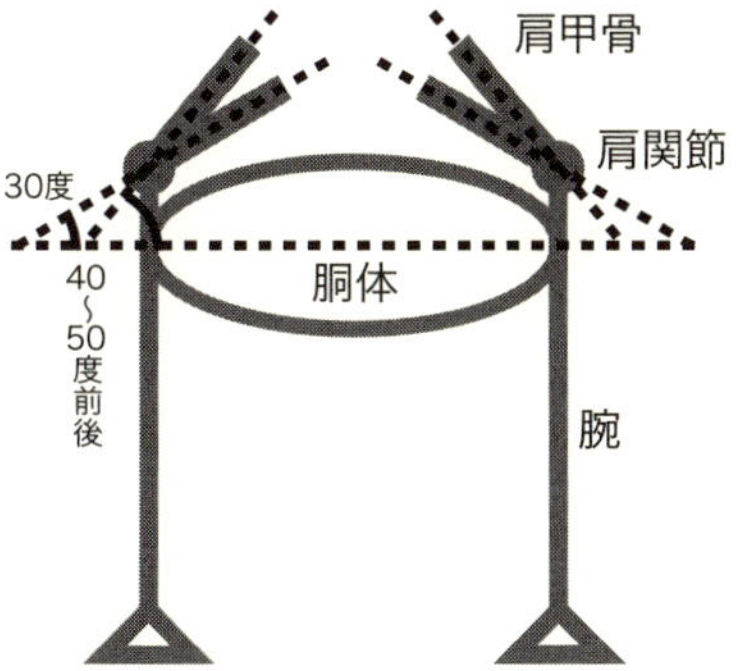

正しい方法

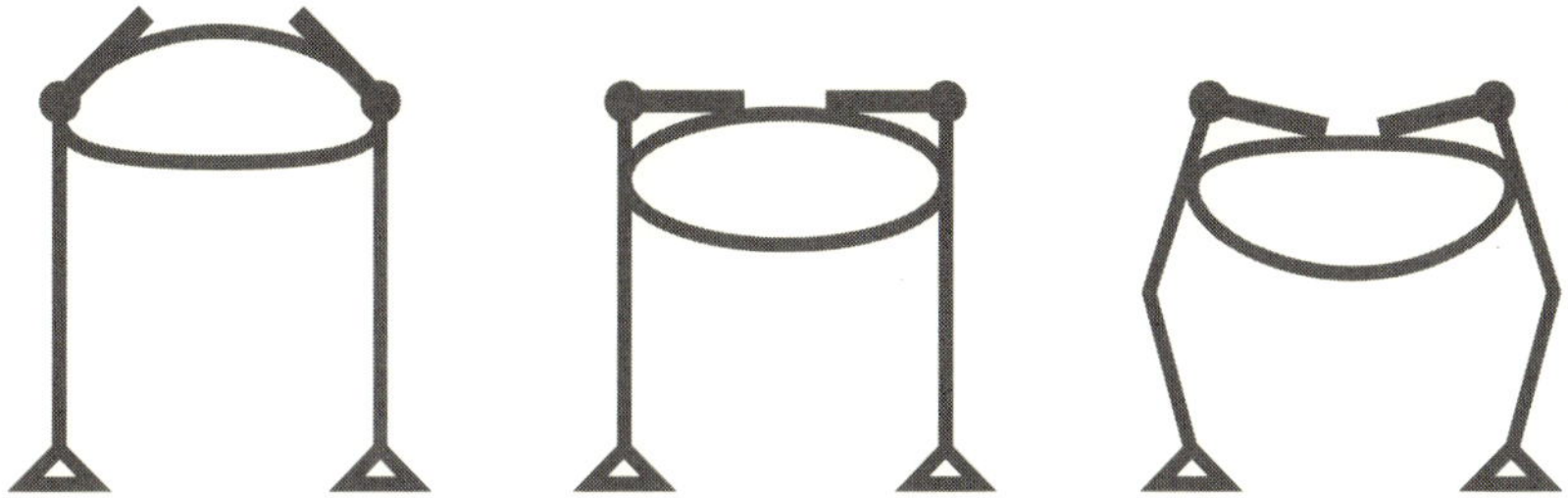

NG1　NG2　NG3

正しい立甲とは、肩甲骨が背中側の肋骨の平面に対して30度以上、もっと言えば40～50度前後まで立ち上がってくること。しかし、肋骨が浮き上がったままでは正しい立甲とは言えない（NG1）。また肩甲骨が肋骨にへばりついたり（NG2）、その状態で肋骨が下がるのは（NG3）、典型的な寝甲だ。

右に扁平であり、肩甲骨も立っていて、垂直位に近かったはずです。

その状態から人類へと進化してきた結果、肩甲骨がついていた部分の肋骨が水平面化してしまい、垂直方向の面は両脇の狭いところだけになってしまいました。現代人である私たちは、この状態で生まれ育ってきたわけです。

ところが、人間の進化というのは面白いもので、**構造上の進化と機能上の進化には、大きな違いがある**のです。

構造上の進化というのは、見た目でわかる進化です。この構造上の進化からすると、人間の肋骨は扁平になり、肩甲骨は肋骨の脇ではなく、背骨に近い水平面に位置しています。つまり、四足動物ではありえない、背中の広い、平らな部分に肩甲骨が乗って寝ている状態になっているわけです。

一方、機能的進化の観点からすると、解剖学的構造の進化と機能、言い換えれば能力の進化とでは必ずしも一致しないのです。

肋骨の形がこれだけ変わり、肩甲骨の位置が垂直から水平方向に大きく変化しても、機能は同じようには変化しなかったので、そこにずれが生じたということです。

そのずれによって、人間には、肩甲骨が四足動物のように「立つ」という機能が残っているのです。つまりは、遺伝子の段階でそれが残っているということです。

実際、骨格の形状からすれば、肩甲骨を立てるのはまったく不向きにもかかわらず、肩甲骨を見事に立ててしまった個人を何人も見てきた事実があります。

その個人とは、スポーツの世界で高度なパフォーマンスを発揮する一握りの選手です。また、**私の知る中で、スポーツ界以上に「立甲」化している人物を多く見つけられたのは剣道、剣術の世界**です。実際、伝統的な剣術の世界では、明確に立甲が使えている人物をスポーツの数倍の率で見つけることができました。

その背景には、昔日からの伝統的な武術では、まさに肩甲骨が立ち、上腕骨と肩甲骨の角度が通常の角度を超えて、どんどん直線へ近づいてくる状態で繰り出す技が優れ、大変な威力を発揮すると、口伝で語り継がれてきていることがあります。

じつは私の父親も、古流の武術の継承者で、私は子どものときからその武術を教わって育ちました。その父の流技にも、肩甲骨と上腕骨の方向が一致すると、爆発的な威力が出るという教えが伝わっていました。父からも「だから肩甲骨は、自由に動かせないとダメだぞ」「大人になるにつれて、肩甲骨はどんどん固くなり、動かなくなるので、(子ども時代の)いまの柔らかさをずっと維持し続けるんだぞ」「子どものときの肩甲骨の柔らかさこそ、人間本来の肩甲骨周りの柔らかさなんだ。柔らかければ肩甲骨を立てて、上腕骨と一線化することができる」と語っておりました。

もちろん、その後、正確な骨格学的な構造研究、筋肉学的な機能研究から出発し、学術的に研究を進めていった結果、幾何学的に完全な一直線化は無理にせよ、普通の人たちに比べれば、かなり一直線に近い状態で、肩甲骨と上腕骨を使うことが可能で、父親の教えが正しかったことを証明できたのです。

ゼロポジションと肩甲骨

スポーツ界にも浸透する「ゼロポジション」

ところでみなさんは、「ゼロポジション」という言葉をご存知でしょうか。もともとは整形外科用語・概念で、近年ではスポーツ界、トレーニング業界などでも知られつつある概念です。

ゼロポジションとは、肩甲骨の裏側にある尾根のような部分＝肩甲棘《けんこうきょく》と言いますが、その部分が腕の上腕骨と一直線になったポジションのことです。

なぜ、肩甲骨に肩甲棘のような部分が必要なのかというと、肩甲骨に強大な力がかかるラインがこの肩甲棘のラインなので、ちょうど機械部品の〝補強リブ〟の役割を担えるように形成されているからです。まさに肩甲棘は肩甲骨の補強をするための土手なのです。

一方、肩甲骨は肩甲棘以外、基本的に広く平らな形をしています。肩甲骨がこのように広く平らな形をしているのにも理由があり、たくさんの筋肉がそこにくっつく必要があったのと、肋骨に対して広い平面を使うことで、肋骨にかかる力を分散化することができるからです。

だから肩甲骨は、広く平らな三角形の形をしているのです。その中に、尾根状・土手状の肩甲棘があるのは、そこのラインでもっとも強大な力を発揮する必要があるからです。

この肩甲棘のラインに注目して、肩甲棘と上腕骨が一直線になるポジションを見ると、もっとも関節面の向きが正しい位置になります。こうしたことから、関節面がもっともストレスのない向きで接合すると同時に、肩甲骨の力を最大化するために存在している肩甲棘と上腕骨が一直線になるラインには特別な意味があるとされ、関節面の角度が0度になっていることから、ゼロポジションと呼ばれているのです。

前述の通り、ゼロポジションはもともと整形外科用語だったのですが、最近ではスポーツ、とくに野球のピッチングの考え方

■ゼロポジション

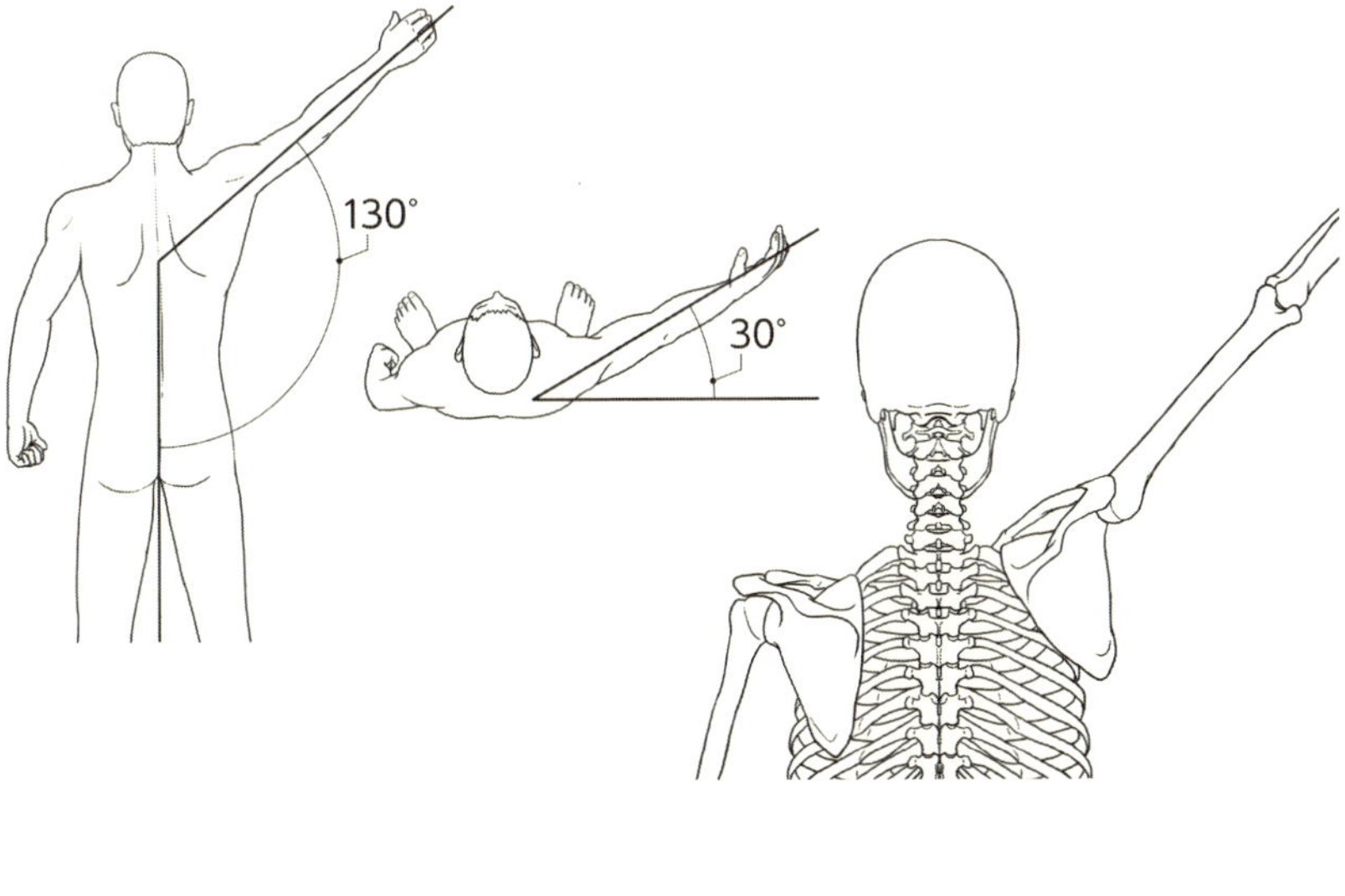

野球のピッチャーの投げ方には、オーバーハンドスローやスリークォーターなどいろいろな投げ方がありますが、**肩の高さより少し上のあたりで投げるのが、もっともベーシックな投球スタイルになっています。その投げ方が、もっとも球威があり、もっとも肩を痛めず、もっとも持久力があり、さまざまな変化球が投げられるなどのメリットがあります。**そういう意味で、機能的に最大化できるポジションだからです。

こうした投げ方の中で、ゼロポジションになる瞬間があり、それを傍から見ていてもわかりやすいので、野球界ではゼロポジションという考え方が、どんどん広まっていったのです。

野球の投球動作に現れやすい「ゼロポジション」

このゼロポジションは、どういう状態であれば作り出せるのか?

これはもう直感的におわかりでしょうが、モノを投げる、手腕で水をとらえかく、バレーボールのようにボールを打つ、サッカーのスローイン（両手）、テニスのサービスやスマッシュといった動きの過程で出てきます。

しかし、卓球の通常のラリーや、ボクシング、相撲やレスリング、さらにはゴルフなど下にあるボールを打ったり、相手を打ったり、相手をつかまえて倒すときには、ゼロポジションはとれません。

というわけで、多くのスポーツの中でも、腕を肩より上の高さで前後に振るような動きのあるスポーツでのみ、ゼロポジションは出現します。また、水泳の入水やプル（手で水をかくこと）の初期動作の中にも、ゼロポジションが現れます。もっとも、水泳の指導では、ゼロポジションを強調するようなことは普及していないようですが……。

それに対し、野球のピッチングは、ゼロポジションこそがその動作の中心であり、しかも見やすい形で現れているのが大きな特徴になっています。

肩甲棘と上腕骨の関係だけでなく、肘から先の前腕までが、ほぼ一直線上に並ぶので、なんと言ってもわかりやすく、それゆえゼロポジションが注目されているのです。

というわけで、ゼロポジションが、スポーツ界で一番取り上げられる機会が多いのは、野球のピッチングの分野となっています。

このゼロポジションという概念は、肩甲骨にかかわる歴史的な大きな発見だったことは間違いありません。しかし、そもそもは整形外科学の概念で、それがスポーツ運動理論にも取り入れられるようになってきたところなのです。

本書で紹介する私の「立甲」の考え方も当然、このゼロポジションの話と深くつながるようになっているので、楽しみにしていてください。

重要な肩甲骨の角度

立甲の基準となる肩甲骨の角度は40度

さて、少々話がそれましたが、再び「立甲とは何か」について語っていきましょう。

まず、次ページの身体座標空間のイラストを見てください。立位の状態で、身体の前後方向の軸をX軸、背骨に沿った上下方向の軸をY軸、身体の左右横方向の軸をZ軸と言います。

22ページの正面図は、この身体座標空間図で言うと、X・Z平面となります。この面のZ軸上の両端についているのが肩関節です。肩甲骨は、じつはこの肩関節につながっています。また、肩関節は鎖骨を介して胸骨ともつながっています。

さて、このイラストで見てもらいたいのは、肩甲骨の角度です。**立位でのZ軸に対する肩甲骨の角度は、一般の人で30度がおおよその平均値です。そして、このまま四つん這いになったとき、普通の人、つまり立甲のできない人は、肩甲骨の角度が水平面に近い斜面を描いたり、さらには内側に向かって下がっているような状態にすらなってしまいます。これを「寝甲」と言います。**

■身体座標空間

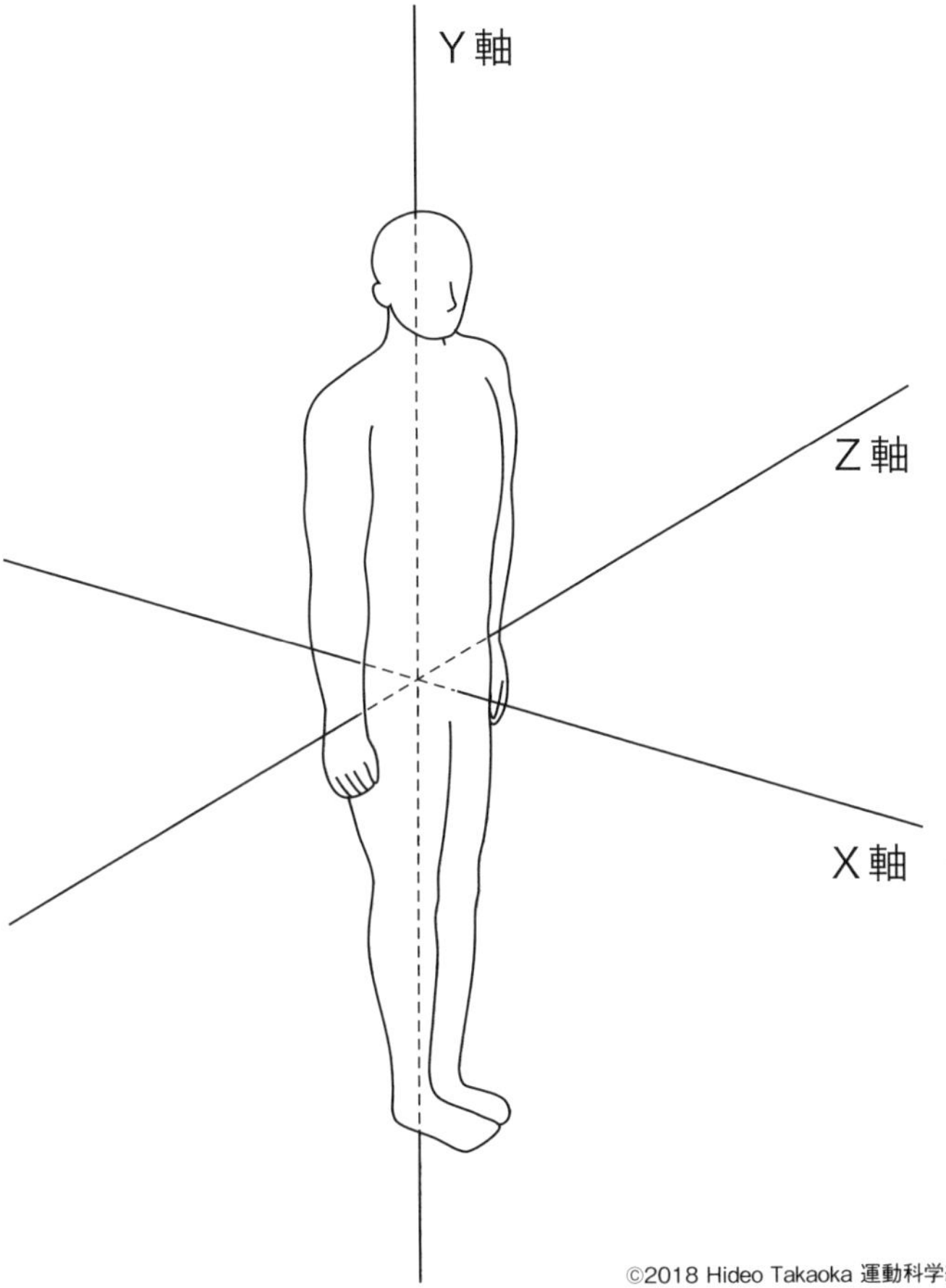

身体の前後方向の軸を X 軸、背骨に沿った上下方向の軸を Y 軸、左右横方向の軸を Z 軸と言う。立位のときの Z 軸に対する肩甲骨の角度は、30 度が一般的な平均値となる。

「寝甲」状態のZ軸に対する肩甲骨の角度をほぼ0度と見なしたとき、それに対し、このZ軸に対する肩甲骨の角度が30度以上に大きくなってくる状態が、「立甲」なのです。

ただし、これには条件があります。まず「立甲」を定義するのは、四つん這い状態の角度で考えるということ。これは、トレーニングが四つん這い状態から始まるという意味もありますし、四足動物時代の自分たちを再現するという意味でも、非常にいいポジションのため、四つん這い状態＝四足状態で「立甲」を定義するのが適切だからです。

これを行ってみると、いろいろと面白いことがわかります。前述の通り、立位のときの肩甲骨の角度は、Z軸に対しておよそ30度になっています。その30度の人が四つん這いになってみると、肩甲骨は30度より水平に近くなる人、さらには水平から内側傾斜の人までが出てきます。

なぜ、そのようになるのかというと、そうした人は、体幹の重量を両腕で支えなければならないという条件下で、肩甲骨周りの筋肉に力が入ってしまうからです。つまり、脱力できない状態になってしまうということです。

ところが、立位のときは手で何も支える必要はなく、ただ肩から腕をぶら下げておくだけでいいので、基本的に肩甲骨周りに力を入れる必要がありません。その脱力した、リラックスした状態では、肩甲骨の角度は誰でもおよそ30度になるのです。

しかし、そのまま四つん這いになってみると、肩甲骨周りに力が入り、30度の角度を保てなくなり、より水平に近い角度、20度から10度になったり、人によっては水平からさらに内側傾斜になってしまったりするわけです。

これにはもうひとつ原因があります。四足状態になったとき、肋骨の重量はどの方向に向かうでしょうか？

それは地面の方向、すなわち地球の中心の方向です。その肋骨の重量を両腕で支える必要があるわけですが、それを力んで、力で支えようとすると、肩甲骨は肋骨から離れられなくなってしまいます。

一方で力を抜いて、胸周りの筋肉も脱力させると、肋骨はどうなるか？　肋骨は重力に引っ張られて、垂れ下がっていきます。つまり、肋骨は左右の上腕骨の間で下がろうとします。そうすると何が起きるのか？　垂れ下がろうとする肋骨とともに、肩甲骨の内側が引きずられて肩甲骨は寝ていきます。立位で30度あった肩甲骨の角度は、20度、10度、0度と減っていき、前述したように、場合によっては0度以下になってしまうケースもあるというわけです。

肩甲骨の角度がマイナス数度になるということは、肩甲骨が外側よりも内側が下がるということなので、肩甲骨が背骨の方に寄ってきて、背骨を圧迫することになってきます。

人によっては、この立甲状態になるのがそれほど難しいのです。

このような四足条件下で、肩甲骨がZ軸（水平面）に対し30度を越えれば、一応、立甲の仲間入りと認め、さらに40度以上の角度になれば「本格的に立甲ができている」と認められます。

この40度以上という条件は、私が考え抜いて定めたものです。この数値を低いものにすれば、トレーニングに取り組んだその日のうちに「簡単に立甲ができた」という人が増えるでしょうし、非常に高い数値にすれば、何年取り組んでもできる人がほとんど現れないということになりかねません。

そういう意味で、数値が低すぎても高すぎてもトレーニング上の概念としては魅力に欠けてしまいます。**ちょうどチャレンジし甲斐のある数字はどのくらいかを慎重に見極めた結果、40度という数値に行きついたのです。**

人間はトレーニング次第で四足動物に近づける

この40度という角度は絶妙な数字で、努力すれば届かない数字ではありませんが、行ってみると意外に難しい目標です。

すでに記してきたように、四つん這いになって、体幹の重さを腕で支えようとすると、その重みに打ち勝つために腕、肩、背中と、さまざまなところに力が入ってしまうからです。肩甲骨に直接かかわる筋肉で言えば、肩甲骨と肋骨の間にある肩甲下筋や、肩甲挙筋や菱形筋といった肩甲骨を引き上げるような筋肉にも力が入ってしまいますし、人によっては大きな僧帽筋にも力が入り、三角筋の前部・後部に力が入ります。腕では力瘤《ちからこぶ》を作る上腕二頭筋にも力が入り、肘関節を伸展させる上腕三頭筋にも大きな力が入ります。

こうしたところに力が入ると、肘関節がなかなか伸展位にならないという現象を起こし

ます。**（16ページのイラストを参照）**
肘関節が曲がってしまうと、体幹の重量を支えなければならないので、上腕三頭筋にものすごく力が入ります。さらに全体としては、肩関節を中心として、両腕を外側に張り出すように筋肉が力んでしまうことになります。こうなると、立甲状態になることはできません。

立甲になるためには、肩甲骨周りの筋肉、菱形筋、肩甲挙筋や僧帽筋などが脱力していることが条件になります。

その代わり、肋骨の左右の外側にビッシリと広がる前鋸筋《ぜんきょきん》だけには力が入り、他の筋肉は脱力させる。肘関節も曲がらずにまっすぐ伸展し、しかも上腕三頭筋に力を入れて伸ばすのではなく、かなりの脱力状態で肘関節を伸ばすことができるというのも重要です。

こうしたことができるようになると、肩甲骨は背骨に近い内側が肋骨から離れ、どんどん立ち上がってきて、Z軸（水平面）からの角度が10度、20度、30度から40度と増していきます。その結果、肋骨に対して肩甲骨が立つ状態になってきます。そして、その全体を支えている上肢（腕）は、上腕骨と前腕骨がまっすぐになります。

つまり、上腕三頭筋や上腕二頭筋がより脱力状態に近づいていき、伸展位をとることができるようになるわけです。そして、上腕骨と前腕骨（橈骨《とうこつ》・尺骨《しゃっこつ》）が一本の支柱化してくるという現象が起きてきます。さらに、その上に乗っている肩甲骨が、その支柱化した腕の骨と一直線に近づいてくるのです。

人間の場合は四足動物と同じように、肩甲骨と腕の骨が一直線と言える状態になることは、残念ながら解剖学的に不可能です。しかし、直角の状態から比べれば、一直線に近いところまではかなり迫ることができる余地はあるのです。

四足状態になって、腕が地面に対してほぼ垂直になっているとしたら、肩甲骨はその腕に対して130度くらいの角度には十分になれます。先のZ軸からの角度で言えば、40度（90度＋40度＝130度）の値です。

また、50度以上の立甲という例も現実にあり得ます。しかし大事なのは、単なる立甲の角度を人と比べて競うことではありません。**もっとも大切なことは、一人の個人が寝た状態から少しでも大きい角度に肩甲骨を立てることができるか、です。その差こそがその個人の上達であり、進化だからです。**実際、立甲度10度の人が20度になったことで、スポーツのパフォーマンスはめざましく向上するのですから。

〝正しい〟立甲とは？

ここまで、立甲の概略を説明してきましたが、ご理解いただけましたでしょうか？　ここからはもう少し詳しく、より正確に立甲について記していきます。

まず、肩関節の位置について考えてみましょう。四足で肩関節が床方向、つまりZ軸に対して腕の方に出ている場合、その肩関節によって肩甲骨も外側に引っ張られることになります。肋骨の形を考えていただくとわかる通り、肋骨が水平に寝ていた場合、肩甲骨が外側に引っ張られると、肋骨の縁《ふち》に沿って肩甲骨もずれ落ち、水平面に対する肩甲骨の角度が必然的に大きくなってきますが、これは正しい立甲とは言えません。

正しい立甲と言えるのは、肩関節が天井方向、つまりZ軸よりも背中側にあって、なおかつ、肩甲骨がそのZ軸に対して30度以上の角度がとれた場合に限ります。

さらにもうひとつ、肩関節のY軸上での位置にも条件があります。**立位の状態で、肩関節の位置が胸鎖《きょうさ》関節と同等の高さ、もしくは胸鎖関節よりもやや低いくらいの位置で四つん這いになり、なおかつそのまま同じ条件を満たすことが立甲の前提となります。**

これも行っていただければすぐにわかることですが、普通の人は立甲しようとすると、肩関節がどんどん頭方向に出てくる傾向があります。

なぜそうなるか？　肋骨の形を見てみると、上部に行くほど紡錘形で小さくなっているのがわかるはずです。小さくなると、そこに隙間がたくさんできるので、その分、肩甲骨が立て易くなり、筋肉にも余裕ができるので肩甲骨が立てやすくなるわけです。肋骨が大きい部分だと、肋骨自体が抵抗になって肩甲骨はかなり立ちづらい状況になり、肩甲骨が立つためにはその周辺の筋肉が相当に脱力している必要があります。

その点、肩を前や上に出せば、まるでダブダブの服を着ているかのように肩甲骨と肋骨の間に隙間ができるので、肩甲骨を立てやすくなるのです。

しかし、その状態で肩甲骨が立ったとしても、正しい意味で立甲とは言えません。

やはり、**肩関節は胸鎖関節と同じか、それよりも足寄りの位置で肩甲骨が30度以上にな**

るのが条件です。 ちなみに、胸鎖関節よりも肩関節が頭方向になると、前述のように隙間ができて、肩甲骨が立ちやすくなりますが、かと言って、あまり肩関節の位置を頭方向にすると、今度は筋肉の長さが足りなくなって再び肩甲骨は立ちづらくなります。

これが、「〝正しい〟立甲とは？」の詳細な説明です。

■本格的な立甲状態

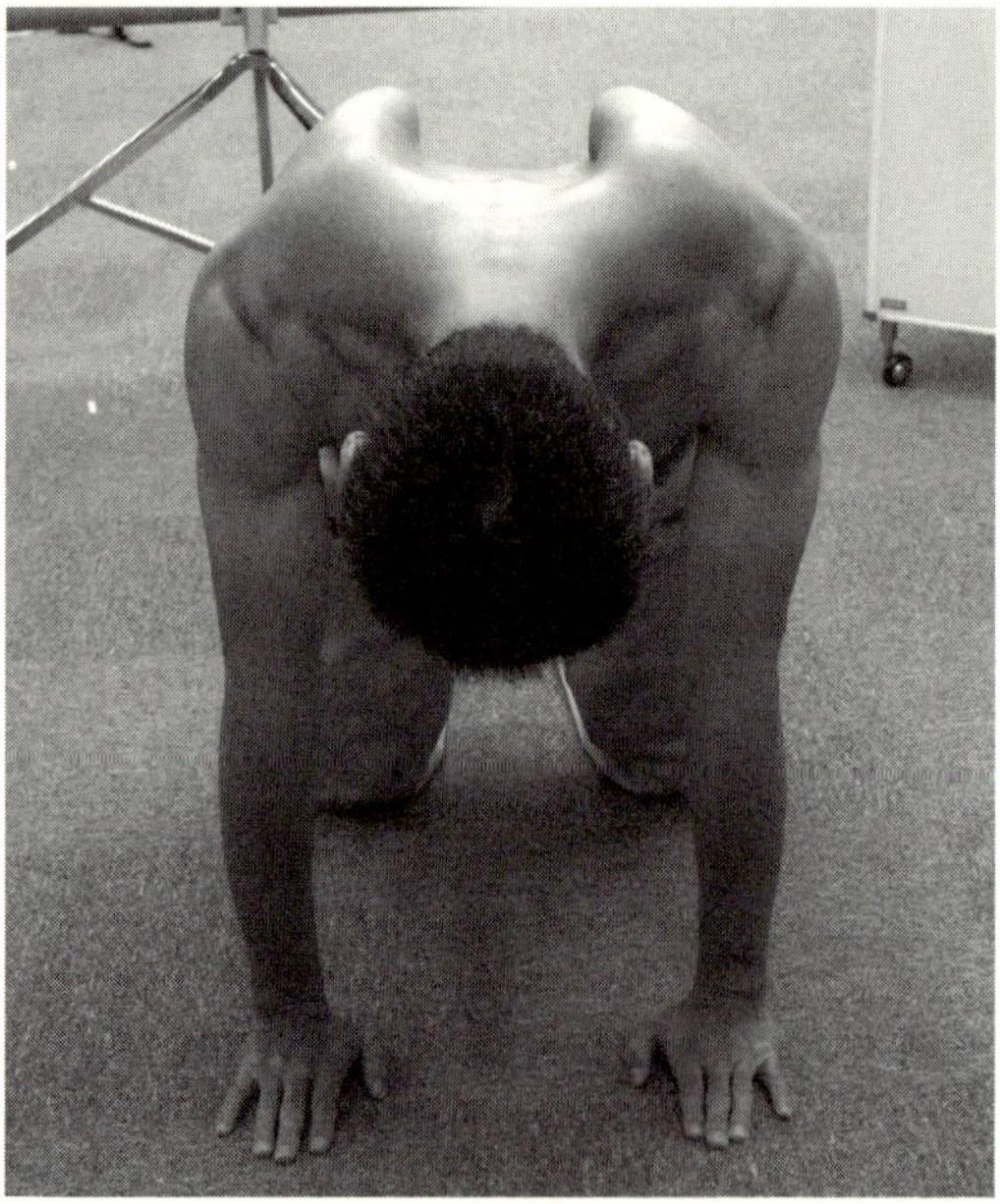

四足状態で腕は地面に対して、ほぼ垂直。肩甲骨がZ軸（水平面）に対し40度以上になれば、「本格的に立甲ができている」と認められる。

立甲の効能

肩甲骨が肋骨から自由になる

立甲とは何か、ということをご理解いただいたところで、今度は立甲のメリット、効能について記していきましょう。

立甲ができるようになると、まず腕使いがしなやかで力強くなります。肩甲骨の自由度が増すために、肩甲骨から上腕骨、前腕骨を楽に大きく動かせるようになり、体幹についているより大きな筋肉を使って力を得て、肩周り、上腕、前腕の筋肉をパワフルに動かしていけます。つまり、骨格と筋肉の強力で柔らかな連動が起きるわけですが、立甲ができるようになると、その連動の源になっている部分がより深く、強大な筋肉の参加を得られ、こうした利点がすぐに享受できます。

立甲には、これと並んでもうひとつ大きなメリットがあるのです。

それは、肩甲骨が肋骨から自由度を得るということです。前述したように、立甲ができていない肩甲骨は肋骨に固く貼りついていて、緊張状態になりやすい環境にあります。そうした緊張状態にある人が、投げる、打つ、泳ぐなどの大きな腕の運動をしようとすると、肋骨が自由に動かないので、脳はその肩甲骨の土台である肋骨ごと動かしてしまおうと無意識に判断してしまうのです。

これを行うとどうなるか？　肋骨を支えているのは脊椎です。肋骨は12段あって、それぞれ胸椎の1番から12番に一段ずつつながっています。

この12段の肋骨のうち、上から数えて11、12段目の肋骨（つまり肋骨最下段の2段分の肋骨）は、前がつながっていません。私はこれを遊離肋骨と呼んでいます。1から10段までは胸肋軟骨を介して胸骨とつながっているので、ひとつのケージ状、箱状の構造をしています。

それに対し、肋骨の下2段はつながっていないので自由に動きやすいという特徴があります。さらに、遊離肋骨のつながる胸椎の11番、12番の下、腰椎の1番、2番、3番は、他の脊椎以外の骨から完全に独立した構造をしています。腰椎の5番は骨盤骨に潜っていて、腰椎の4番も半分は骨盤骨に潜っています。骨盤骨周りの筋肉は、腰の筋肉として強い筋収縮を起こして固まった状態になっており、腰椎の4番、5番もそれらの筋肉に封じ込められるように固定されており、自由には動きづらい状況にあります。

それに比べて、**胸椎の11番、12番と、腰椎の1～3番は、大変動きやすい環境にあります。この5つの脊椎は自由度が大変高いので、「自由脊椎」と呼んでいます。**これは私が命名した概念ですので、一般的な解剖学のテキストには出てこない言葉です。前述のような理由から、機能的な解剖学的概念が必要だと思い、考案しました。

■脊椎と肋骨

前面

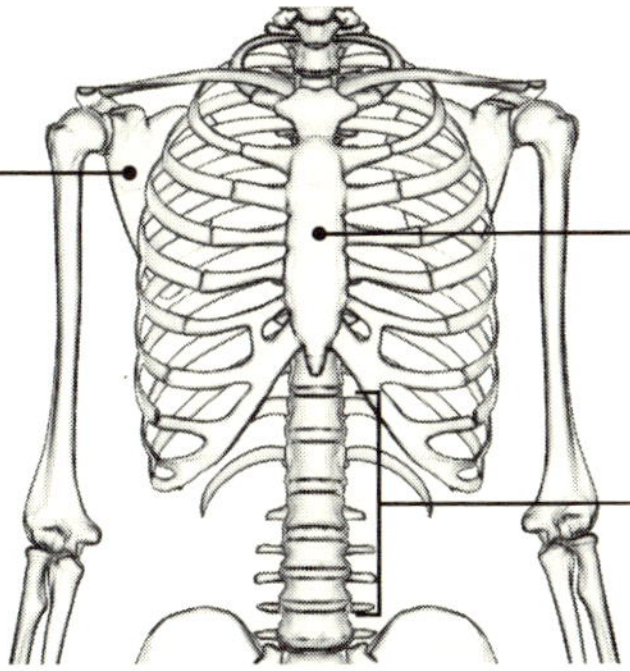

背面

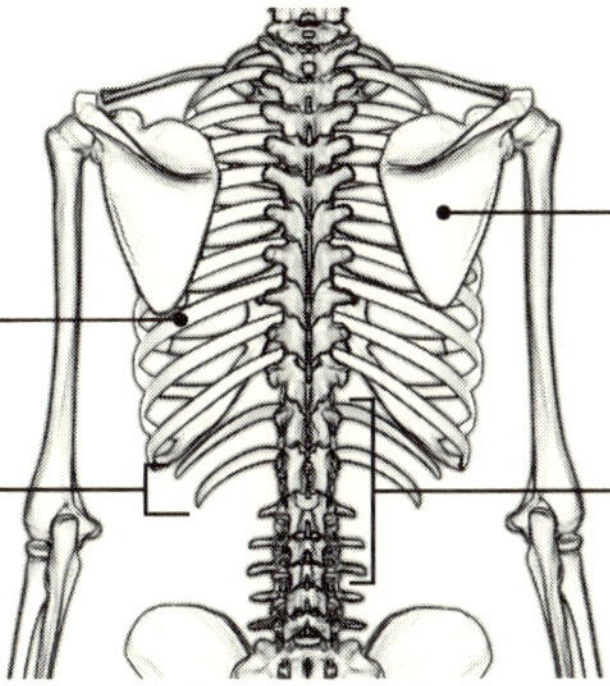

肋骨の下から２本は胸骨とつながっていないため、自由度が高い（※これを遊離肋骨と言う）。また、胸椎の下から２個と腰椎の上から３個の骨は、脊椎以外の骨から独立しており、これも自由度が高い（※これを自由脊椎と言う）。そのため肩甲骨が固く自由度の低い人は、肩甲骨を動かそうとしたとき、この遊離肋骨と自由脊椎が安定せず、体幹がブレて余計な動作が生じてしまう。これを「体軸の崩れ」と言う。

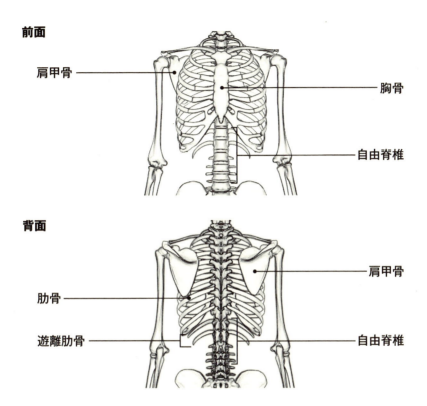

この自由脊椎は誰でも動かしやすいので、立甲ができていない、肩甲骨周りの筋肉が固い人が腕を動かす運動をしようとすると、この便利な自由脊椎までも勝手に動いてしまうのです。

体幹トレーニングで自由脊椎を固定する

肩甲骨の自由度が低いまま、自由脊椎が動いてしまうとどうなるか？　まず、体幹が崩れます。

今日、いわゆる体幹トレーニングが流行し、スポーツ界でも重視されています。1980年代から体幹の重要性を訴えてきた私にとって、うれしい時代になりました。それでも現在のスポーツ界では、体幹トレーニングの本当の意味は知られていません。ですから、ここで体幹トレーニングの話を少ししておくことも役に立つでしょう。じつは、この**体幹トレーニングの真の目的をわかりやすく言えば、この自由脊椎周りの無駄な動きを封じ込めること**なのです。

自由脊椎周りがグニャグニャしてしまうと軸が定まらなくなるので、それを防ぎ、なおかつ軸がぶれないようにするのが、体幹トレーニングの真の目的なのです。**つまり、体幹トレーニングの本当の意味は「軸」のトレーニングであるということ**です。

直立二足歩行の人間が、きちんと屹立した姿勢を保って、激しく正確な動きを実現するには、自由脊椎がグニャグニャしていては絶対にいけません。つまり、肩甲骨周りが固まったまま腕を強く動かす運動をすると、その体幹トレーニングが目指すことと、真逆のことが起きるのです。

腕は脳の支配領域が非常に広い部位ですし、さらには、その動きを自分の目で確認することが可能です。人の動きを見るときでも、やはり腕の動きは注目されます。

ゆえに、誰もがどうしても腕をしっかり動かしたくなります。しかし、肩甲骨の自由度が低くなると、必然的に肋骨ごと動かさざるを得なくなります。でも、肋骨自体は極めて変形しにくい構造をしています。そこで、その肋骨の土台となっていて、しかも非常に動かしやすい自由脊椎を無意識に動かしてしまおうとなるわけです。

自由脊椎は、筋肉でしっかり固定しておかないと、簡単にグニャグニャと動き、動き出したら動きっぱなしになるほど自由度が高い骨格構造になっています。

だからこそ、体幹トレーニングが重視されるようになったのです。

このことからもわかる通り、**立甲ができて、肩甲骨が自由に動けるようになると、腕の動きが解放されて、肋骨を動かさなければならないという理由が減ります。そうなることで、自由脊椎周りの無駄な変形運動が自動的に制限されるようになり、その人に備わっている筋肉、筋力の範囲で体幹を確保できるようになり、身体運動にとってもっとも重要な「軸」が保てるようになるのです。**

この自由脊椎のように、不必要にグニャグニャと動くことが望ましくない部分を、ある目的に従って適切に筋肉で固定することを、「格定」と言います。

これも、私が考えた運動科学上の重要概念のひとつです。この「格定」は、「固定」とは違います。「固定」には、緊張や疲労などで固まってしまったり、動きがヘタな選手が固まってしまうことなども含まれるからです。

一方、「格定」は、より高度な目的のために、あえて筋肉を使って無駄な変形を防ぐことを意味します。これは非常に重要な概念であり、自由脊椎周りは、この「格定」が人体でもっとも必要な部位なのです。もちろん、役に立つ変形が必要なのは言うまでもありません。

立甲は、その自由脊椎の「格定」に大変プラスになります。

立甲は、すでに記してきた通り、そもそも肩甲骨周りの筋肉の脱力、そして、ここではじめて記しますが、肩甲骨と上腕骨をより一直線化するための筋肉であるローテーターカフ（回旋筋腱板）と前鋸筋への入力という性質をもっています。先ほど紹介した「格定」で言えば、立甲でのローテーターカフへの入力はやはり高度な目的のための「格定」ということになります。

肩甲骨と上腕骨が一直線化するなら、ゼロポジションと同じなのでは？　と思うかもしれませんが、立甲とゼロポジションには違いがあります。

腕を真横に上げていくと、垂直に対して腕が130度くらいになったとき、肩甲棘と上腕骨が一直線化してきます。その130～150度くらいまでの範囲が、もっとも一直線化する範囲＝ゼロポジションと呼ばれています。さらに詳しく言えば、その一直線化しやすい位置は前後方向（X軸）で言うと、真横から前方に30度くらいまでの範囲です。

みなさんも、腕を実際に動かして、一直線になる感覚を味わってみてください。**（39ページのイラストを参照）**

それ以上、腕の位置が後ろになると、肩の関節が詰まった感じがするはずです。また、腕を30度以上前にもっていくと、肩関節だけがカクッと曲がり、肩甲骨が取り残された感じがします。そういう理由からも、先の肩甲棘と上腕骨の一直線化が感じられる範囲をゼロポジションと言います。

では、そのゼロポジション以外の範囲で、もっといい動きは追及できないのでしょうか？

じつはそのゼロポジションを含めて、**通常では肩甲骨と上腕骨の角度が大きくついてしまうようなポジションでも、より広範**

■甲腕交差と甲腕一致

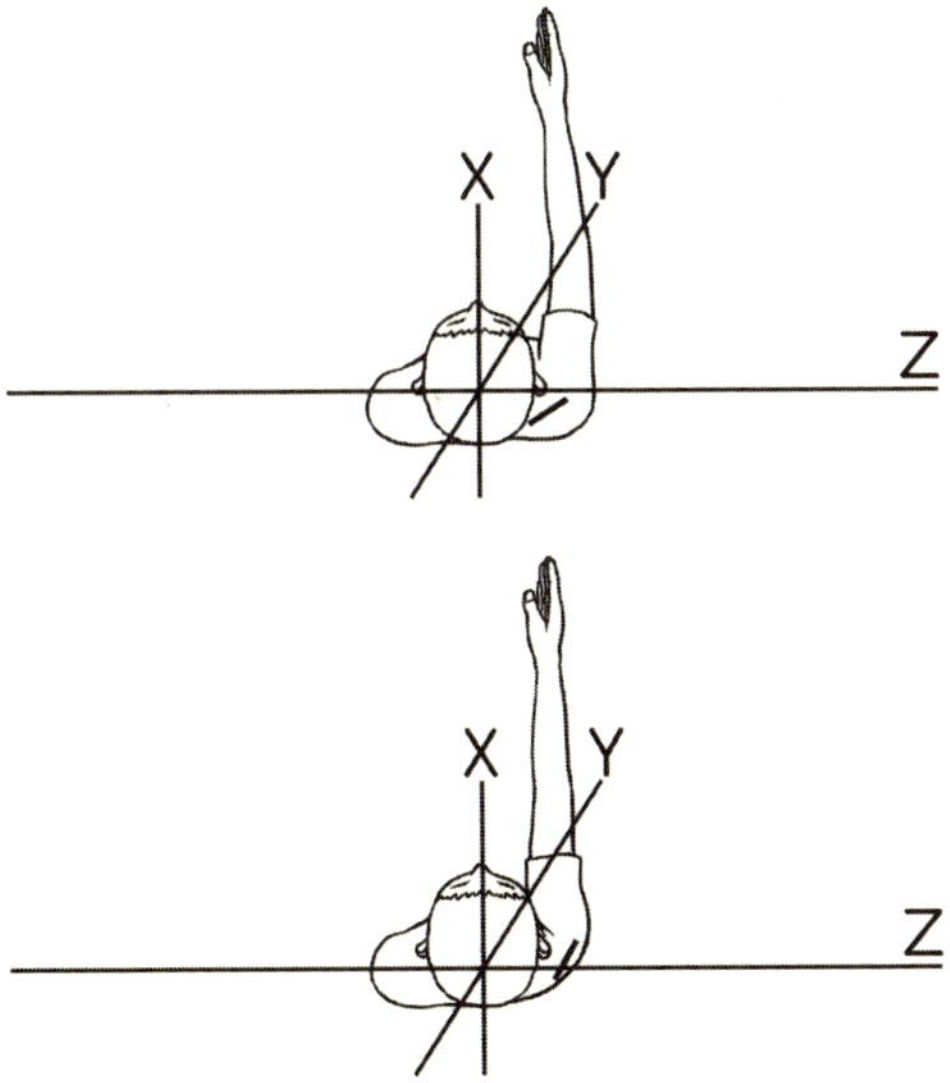

上は、腕を前に伸ばした「甲腕交差」の状態。下は、腕を前に伸ばすと同時に肩甲骨もX軸方向に立った「甲腕一致」。

囲にわたって少しでも一直線に近いところに肩甲骨をもっていくことは可能なのです。

強いパワーを発揮できる「甲腕一致」

そして、**その状態を「甲腕一致」と言います。これは私が見つけ出した、人間の高度な能力状態であり、それに対して名づけた概念です。したがって甲腕一致の考え方から言えば、ゼロポジションは「甲腕一致」の代表的な一部ということになります。**

たとえば、ボクシングのパンチやオリンピックの追加種目になった空手の突きを考えてみてください。130～150度に腕を上げて、真横＝0～30度の範囲で腕を使うことはないはずです。他には卓球などでも、その範囲でプレイするシーンは極めて少ないでしょう。他にも柔道、剣道、フェンシング、サッカー、バスケットボール、レスリングなど、ゼロポジションで腕を使わない競技、運動はいくらでもあって、そうした競技、種目、運動状態では、ゼロポジションは何も役立たないことになります。

ボクシングで、21世紀最高のボクサーとも言われるマニー・パッキャオなどは、パンチを打つときに肩甲骨がグッと立って、前方に入るのが特徴の選手です。あのパッキャオのパンチの動きは、典型的な「甲腕一致」です。とくにアッパーなどはゼロポジションにはほど遠いですが、肩甲骨が立甲しながら前に向かって回り込んで放たれています。そうすることで、前ページのイラストで見たときに、肩甲骨の向きと上腕骨、前腕骨の描く平面の向きが通常に比べて、より一枚の平面に近い「甲腕一致」になります。これがいいアッパーの条件で、鋭く早く小さな動きで、なおかつ強烈な威力を発揮するのです。

というわけで、「甲腕一致」の概念をもつことで、狭いゼロポジションの範囲を超えて、より広大な、あらゆる運動種目において、「甲腕一致」がどの程度できているかという方向でとらえることが可能になります。

そして、**立甲は「甲腕一致」という能力を作るための、必要不可欠な要素であると同時に、もっとも基本的なトレーニング方法とも位置づけられます。言い換えれば、立甲のための、あの四つん這いのトレーニング法は「甲腕一致」の出発点であり、もっとも基本的な訓練になり得るということ**です。そして、それはローテーターカフの高度な入力=「格定」を習得するためのトレーニングの出発点でもあるのです。

これが立甲のふたつ目の効能です。

下半身にもよい影響を及ぼす立甲

三つ目の効能は、下半身への影響です。

「立甲=肩甲骨は、どう考えても上半身の話では?」と不思議に思うかもしれませんが、**じつは体幹力を鍛えるのにも役立ちますし、股関節周りから下の脚の運動にも、大変重要なかかわりがあるのです。**

下半身における肩甲骨にあたる部位は、仙骨を挟むように骨盤の両サイドを形成する蝶々の羽根のような形の骨、腸骨です。もし、この左右の腸骨が仙骨に対し、肩甲骨が肋骨に対して自由に動くように動くことがあったら、その人間は死んでしまうでしょう。かと言って、腸骨は仙骨に対して完全に不動の骨なのかと言えば、普通の選手の場合はその通りです。しかし、とくに優れたアスリートの場合では、左右の腸骨と仙骨の間に軟骨が存在することで、極めてわずか数ミリ単位、角度で言えば数度単位でしなるように動くのです。

他方、大半の人にとって、この仙腸関節は火山で言えば死火山に近いような状態で、ガチガチの完全な不動関節になっていて、もしこの状態のままわずかでも仙腸関節がずれ動いたら、強烈な痛みに襲われることになります。いわゆる〝ぎっくり腰〟とは、このことです。

ところが非常に才能のある優れた選手になると、仙腸関節が柔らかく弾力のある滑面状《かつめんじょう》の軟骨になっていて、わずかではありますがフワフワスルスルと動くのです。このわずかながら動くというのが大変重要で、**脳にとってみると、この仙腸関節が動くことで、腸骨が肩甲骨のように下肢の動きの中心になる感覚が得られるわけです。**反対に仙腸関節が不動関節になってしまうと、「脚は股関節から先だけ」といった身体の使い方しかできなくなります。

そうすると何が起きるのか？　脳が「脚は股関節から先だけ」と思い込むと、脚の運動に、股関節から先の筋肉しか積極的に使えないようになってしまうのです。

股関節から先の筋肉は限られているので、これは非常にデメリットが大きくなります。

たとえば、有名なインナーマッスルのひとつである腸腰筋。これは腸骨筋という、腸骨の上端から大腿骨につながっている筋肉と、腸骨よりもっと上にある自由脊椎の腰椎・胸椎から大腿骨に伸びている大腰筋、このふたつの筋肉を合わせて腸腰筋と言います。

この腸腰筋が見事に使われるかどうかは、仙腸関節のところで腸骨が少しでも稼働して、下肢の動きの中心になっているという潜在的な意識の有無によって左右されます。潜在意識下で仙腸関節が稼働関節としてとらえられ、腸骨が下肢の動きの中心になっていると位置づけられていれば、腸腰筋や背中周りの深層筋である多裂筋などが積極的に使われるようになるのです。

考えてみてください。四足動物は、前肢と後肢がほとんど同じ運動価値があり、同

■腸腰筋

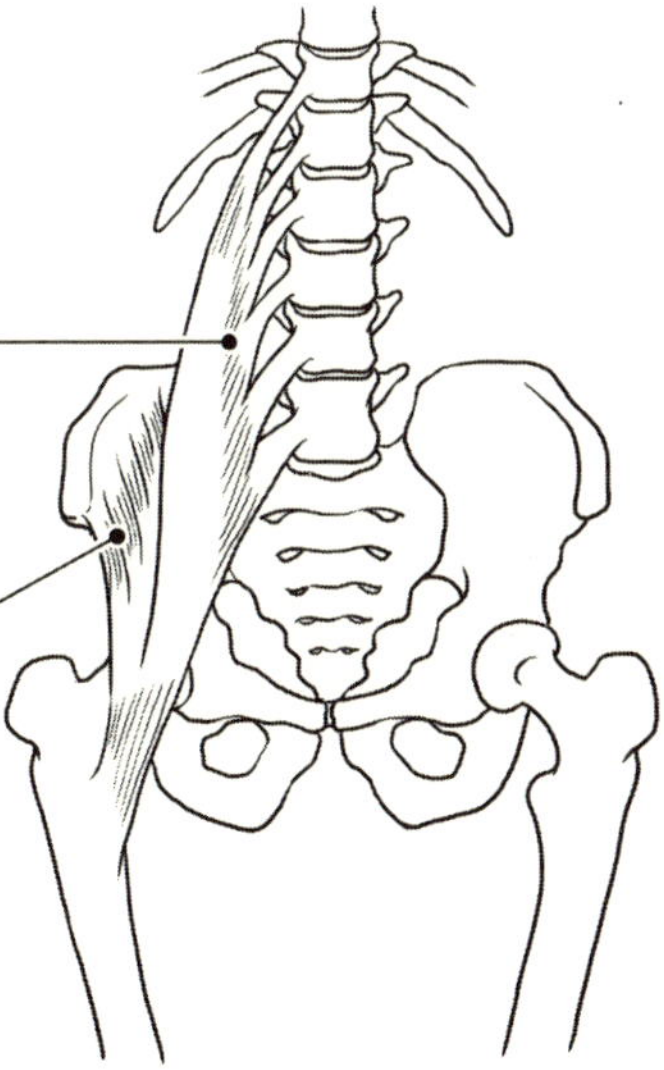

腸腰筋とは、腸骨の上端から大腿骨につながる腸骨筋と、腰椎・胸椎から大腿骨に伸びる大腰筋などの総称。

じ運動能力を発揮するようにできています。肉食動物が獲物に襲いかかるときには、前肢と後肢でかなり異なる動きを強いられますが、通常、立ち、歩き、走っているときは前肢も後肢もほとんど同じ仕事をしています。

こうした事実から、運動進化論では次のように考えます。

「前肢と後肢の動きが同じなら、必ず同じパフォーマンスを生み出す、相似した機能的構造（相似器官）があるはずだ」と。

そうした視点から骨格・筋肉を見ると、上肢の肩甲骨・肩甲下筋にあたるものは、下肢では腸骨・腸骨筋になるということがすぐにわかります。四足動物の場合、肩甲骨と腸骨は非常によく似た構造で、働きも共通性があります。

疾走時に肩甲骨が高速で回転するかのように動くのと同じく、疾走時には腸骨も非常に軽々と高速回転をするかのように動くのです。

このように運動進化論から見ると、肩甲骨と腸骨はリンクする相似器官であり、その相似性は四足動物だけでなく、人間のＤＮＡの中、そして脳機能の中にも、必ず残っているはずなのです。

その証拠に、立甲ができて甲腕一致が使われるようになると、左右の腸骨が微妙に稼働性をもつようになってきます。

これが非常に大きなメリットです。筋肉で言えば、股関節から先だけの筋肉ではなく、根っことなる大腰筋、腸骨筋にも次々とスイッチが入り出すのです。

また先ほど、立甲ができて肘周りの力が抜けるようになると、脱力状態で肘関節の伸展位がとれるという説明をしましたが、それと同じようなことが下半身でも起きて、膝関節周りの力みが取れるようになってきます。

膝関節周りの力みの主な原因は、太腿の前の大腿四頭筋と、太腿の裏側のハムストリングスの外側の二筋である大腿二頭筋の無駄な緊張です。

なぜ、大腿四頭筋が力むといけないのか？　それは大腿四頭筋がブレーキ筋の代表だからです。走っているときに、急に停止しようとすると、大腿四頭筋にギュッと大きな力が入るはずです。同様に、下り坂に立って静止しているときも、大腿四頭筋に力を入れて、身体が坂道を下っていかないようにブレーキをかけます。

このように**大腿四頭筋は、身体にブレーキをかけ、止めるための筋肉**なのです。ときにはブレーキも必要ですので、その要素がゼロになったら困りますが、スポーツにおいては、本当に大腿四頭筋を使って止める場面は少ないのです。

そもそものパフォーマンスの90パーセント以上は、ハムストリングスや大臀筋の股関節周りの筋収縮による前方力が支えています。

したがって大腿四頭筋の力みは多くの場合マイナスで、その無駄な力みは、立甲を体現すると、自動的に減少する方向へと変化していきます。

ハムストリングスに悪影響を与える筋トレ

また、ハムストリングスも膝周りで力んでしまうと、もっとも重要な股関節周りで、有効に使えなくなってしまいます。

ハムストリングスが股関節周りで働くということは極めて重要です。低い姿勢から立ち上がる、ジャンプする、前に向かってダッシュするなど疾走運動をしたり、体当たりをするときにもっとも活躍しなければならない駆動筋は、このハムストリングスと大臀筋だからです。

しかし、ハムストリングスが単に強いだけではダメなのです。ハムストリングスにはふたつの働きがあって、じつは股関節と膝関節をまたいだ構造をしています。こうした特殊な筋肉を二関節筋と呼びます。二関節筋はどちらの関節周りで働くかということが、運動能力を決する極めて重要な要素になってきます。

これは、あまり一般に知られている話ではありません。そのため、ハムストリングスを鍛えるためにレッグカールに取り組むアスリートがいますが、はっきり言って、運動のパフォーマンスを向上させる意味では有害無益以外の何物でもありません。

レッグカールは、まさに膝関節周りでハムストリングスをバンバン使って鍛えるトレーニングですので、トレーニングを行えば行うほど、脳がその動きを覚えてしまい、ハムストリングスを膝関節周りだけでしか使えなくなってしまうからです。

そうすると必ず、その人のパフォーマンスは低下します。

しゃがんだ体勢から瞬時に立ったり、ジャンプしたり、体当たりをしたり、ダッシュや疾走運動で脚を後方に向かって思いきり掃くように使いたいときに、膝関節周りのハムストリングスが力んでしまっている人は、それができなくなってしまうのです。

その状態で歩いたり走ったりすると、ぴょこたん、ぴょこたんと妙な上下動を伴う動きにしかなりません。

実際に、このレッグカールでパフォーマンスを落とした選手の例は枚挙にいとまがありませんが、一番わかりやすいのは、2000年前後の日本代表選手です。

この時期は、各種目の日本代表レベルの選手が、こぞってレッグカールに取り組んでいました。個人名を出すのは控えますが、レッグカールを取り入れたチームや選手ほど、見事にぴょこたん歩き、ぴょこたん走りになっていました。当然、パフォーマンスにも悪影響を与え、関係者もこれはおかしいと気づき始め、レッグカールブームが去っていったという事実があります。

私自身、当時もいろいろな種目の全日本選手の指導を行っていたので、彼らを実際に歩かせ、ぴょこたん歩きをしている選手には、「レッグカールをやっているな。レッグカールはパフォーマンスを下げるので方法に注意するように」と助言したものです。

というわけで、膝関節周りの無駄な力みが抜けるのは非常に重要で、立甲ができると、なんと膝の脱力にまでいい影響が出てくるのです。

足裏すべてに体重を乗せてまっすぐ立つ

こうして立甲の三つの効能を語ってきたところで、もう一度、四つん這いの姿勢になったときの肘周りの脱力について補足説明をしておきます。

四つん這い状態で、肘周りが脱力できるためには、前腕から手首、そして手の支えが脱力して、手がフラットに体重を支えられることが条件になります。前腕の骨、とくに親指側の橈骨《とうこつ》が効いて、手がフラットに体重が支えられるというのは、かなり重要なポイントです。

普通の人が四つん這いになって、腕で上半身を支えようとすると、どうしてもいびつになる人がほとんどです。

いびつに支えるとは、肘関節が少し曲がって力が入り、小指側の付け根で体重を支えるような姿勢になるということです。

この姿勢のいびつさの話にピンとこない人は、同じ状況を立位での下半身に置き換えて考えてみてください。

立っているとき、足裏の外側に体重が乗って、脛《すね》の細い方の骨、腓骨《ひこつ》で体重を支えた、いわゆるガニ股状態になっているのと同じです。内側の内転筋やハムストリングス、腸骨筋、大腰筋などが極めて使いにくい立ち方です。

そういう意味で、**足裏がフラットに接地し、なおかつ真っ直ぐに立って、とくに脛骨で**

支えられるということは非常に重要で、このことを私は専門用語で「フラットストレート」と呼んでおります。スポーツ選手などに指導するときも、「脚をフラットストレートで使えるようになりなさい」とよくアドバイスしています。

じつはこのフラットストレートにも、立甲がプラスになることがわかっています。これは実際に何人もの選手を指導して、立甲ができなかった選手を正確にできるところまで導くと、その結果として、フラットストレートで立てる能力が上がったということを実験で証明してきたからです。

運動進化論で考えたとき、人間はそもそも四足動物でした。その**四足動物がどういう性質をもっていたかというと、上肢＝前脚で行われていることを、そっくり同じように下肢＝後脚でもできているのです。**

これを「四肢同調性」と言います。

前脚の能力だけが高く、後脚が低いとか、その反対といったケースはあり得ないはずで、前脚と後脚は絶えず能力のバランスをとって働いていて、同じ価値があるようにコントロールされています。

ゆえに、**運動進化論では人間のＤＮＡ、そして脳の中には四足動物時代と同じように、上肢で優れた身体使いができるようになると、そのことがただちに下肢にも同じ優れた身体使いを生み出させる、そうなるような機能、システムがそもそも備わっていると考えるのです。これが運動進化論の「四肢同調性」という考え方です。**

立甲は怪我を減らす

体幹の格定・軸の定まりがリスクを軽減

もうひとつの立甲の効能、「怪我を減らす」についても記しておかなければなりません。立甲によって怪我を減らせる理由は次の通りです。

ひとつは、**肩甲骨の可動域が増して自由度が上がることで、肩甲骨の動きによって上腕骨以下の腕の部分が動くようになり、肩関節の負担が減る**ためです。肩甲骨が固定されて動きづらい人は、肩関節と上腕骨の間を余計に酷使することになります。

さらに、**前腕と上腕の間も同じで肩甲骨の可動域が増す、自由度が増すと甲腕一致がとれるようになり、肩関節周りや肘関節周りの負担が減り、疲労も怪我も減る**わけです。

そして、**前述の「四肢同調性」が働くことで下半身でも同じことが起こり、膝関節や足首周りの負担や疲労が軽減され、怪我も減る**のです。

もうひとつは体幹です。

前述の通り、**体幹が自由脊椎周りで「格定」され、強く使えるようになるので、体幹の崩れがなくなります。**体幹の崩れは、怪我のリスクを非常に増やす要素です。体幹が崩れると、身体運動でもっとも重要な軸がバランスを失い、自分がどういう力の感覚で立ち、動いているのかが不鮮明、不明瞭、不正確になってしまうからです。

建物でも、その他の構造物でも、建造物はすべて軸に沿って組み立てられていきます。人間も理屈は同じですが、動き回っているときは、とくにそういうイメージをもちにくいだけで、実際は動いていれば動いているほど軸の存在は重要度を増していきます。

人間以外の動くもの、たとえば自動車や工作機械、パワーシャベルなどで軸が狂っていたらどうでしょう？　しかも、動くたびにあらぬ方向に軸がぶれていたら、制御不能、コントロール不能で、それこそ大変な事故を起こすことになってしまいます。

人間だって動いている最中に、軸が狂ってしまったら同じように大事《おおごと》になります。

このように、体幹が崩れて軸が狂うと非常に怪我が多くなるわけですが、立甲ができれば、その分、体幹が格定されて軸が定まるので、怪我のリスクは軽減するのです。

第2章

「立甲」の正確な方法

動きを劇的に変える立甲のトレーニング

動作感覚が大きく変わる

第1章までの話で、立甲が、人類の祖先である野生の四足動物時代の極めて高度な能力を、現代の私たちに取り戻させるための重要なカギになる、あるいはスイッチになるということがおわかりいただけたことでしょう。

その立甲の方法について、すでにアウトラインだけは触れていますが、それはほんのさわりに過ぎません。

多くのアスリートが本当に正しい立甲を身につけられるように、本章で順を追って、詳しく説明していきます。

はじめに、立甲のような動物時代の人間のメカニズムを引き出すために、必要不可欠になるワークをご紹介します。

これは「事前ワーク」というものです。

これから、みなさんに立甲に取り組んでいただいたとき、その取り組みの前後で、「動きがどのように変わったか」「その動きを作り出している感覚がどう変化したか」「動きの元である身体の感じはどう変わったか」「動きやすくなったか」「しっくり来るか」「軸はどうか」など、ビフォー・アフターで比較してもらうためのワークです。

これは非常に重要な作業なので、立甲にある程度習熟してきた段階でも、トレーニング前に行っておいた方が望ましいワークです。いわんや、立甲に取り組み始めたばかりの人や、始めて日が浅く、まだ十分に立甲をものにできていない人にとっては、極めて重要な作業になります。

なぜなら、立甲のトレーニングはうまくできると、その前後で劇的に動きが変わるからです。これは客観的に見てもわかりますし、自分自身の動作感覚としても非常に大きく変わります。しかもこの場合、変わるというのは、とてもいい方向での変化です。「この感覚、すごくいいよな」と思わずつぶやきたくなるほど、劇的な変化です。

ただし、それはトレーニングが上手にできた場合に限ります。

では、少しだけうまくいった場合はどうなるか？

それは、間違いなく少しだけいい方向に変化します。そして、全然うまくいかなかった場合は、当然、いい変化がまったく現れません。

立甲は、ある意味では〝ただ肩甲骨を立てればいい〟とも言えるわけですが、じつは大変奥が深いもので、トレーニングを開始したあとは、ものすごく伸び代が大きい世界なのです。そのことをよくご理解していただいたうえで、具体的なトレーニングをスタートしましょう。

立甲のための事前ワーク

①その場歩き

事前ワークは3項目です。

まずは「その場歩き」。10〜20歩が目安です。この10〜20歩は、左右の足を1度ずつ上下させること、つまり左右1セットで1歩とします。したがって、通常の歩数のカウントなら2歩分を1歩とカウントします。「だったら、最初から20〜40歩と言えばいいのに」と思うかもしれませんが、この数え方には理由があります。

行ってみればわかりますが、その場歩きで右足で1歩、左足で1歩とそれぞれ数えていくと、数えていくときのリズムが少し早すぎて、口に出して数えた場合、やや忙しくなります。

それに対し、左右で1歩という単位で数えるような、落ち着いたテンポ感で数えると、自分の動作感覚を感じ取る余裕ができて、非常に望ましい状況になります。

自分自身の動きを鏡で見たとき、客観視できる認識能力の余裕をもたらしてくれるわけです。

②歩き

次に、その場歩きではなく、実際に10〜20歩ほど、周囲を歩き回ってみてください。これは左右各々1回ずつの足の運びを1歩と数えてほしいので、通常どおりの10〜20歩分の歩行です。

どうして、その場歩きと普通の歩きを別々に行うかというと、歩くことが、人間のあらゆるスポーツ動作を含めた、すべての人間の身体運動において、もっとも基礎となる重要な運動だからです。

人間の動物としての最大の特徴は直立二足歩行であり、人は歩くことによって直立二足歩行を始めるわけです。

生まれたばかりの赤ちゃんは立つことも座ることもできませんが、およそ1歳になると歩き出し、そこから歩くという運動の上達が始まり、5〜6歳になると大人に近い歩き方になります。

その歩きの発展形として走るという運動があり、歩き、走りの発展形としてモノを投げたり、ボールを蹴ったり、跳んだり、泳いだり、登ったりといった各種運動が派生してきます。このように、ありとあらゆる運動は歩きの発展形であり、応用であり、歩き、走りとまったく無関係な動作は、およそスポーツの世界ではあり得ないと言っていいほどなのです。

歩きは重要な基本運動であり、歩きを見れば、そのアスリートがどの程度のパフォーマンスレベルなのかもわかります。

ゆえに、歩きを根本的に改善できれば、そのことによってパフォーマンスを底上げでき、根本的に優れたものに変えていくことが可能で、こうしたことはすでに多くのデータによって証明されています。

歩きは、これほどまでに人間の基本運動にとって重要なものなのです。さらに、この歩きの基本運動となるのが、その場歩きです。別の言い方をすると、その場歩きに前方へ向かう力が加わると、歩きになります。

つまり、歩きから、前方に向かう力の成分だけを取り除くと、その場歩きになるわけです。その場歩きのいいところは、歩きという運動をその場でずっと繰り返すことができるので、自分がどういう動きをどういう感覚で行っているかを、冷静によく観察できる点にあります。また、友達同士や仲間、チーム内で一緒に行った場合は、もちろん歩きの観察も有益ですが、その場歩きはその場で行っているので、お互いにその場歩きをしながら意見交換をしたり、話し合ったりできます。

「キミは、立甲のトレーニング前に比べ、こんな風に変わったよ」「うん。自分もこの感覚がわかるよ。このことが客観的にはそう見えるんだね」といった具合に、確認しあえることが非常に重要なのです。

そして、歩きはその場歩きに前方への力が加わり、かなりの質量がある自分の身体を前に運ぶという意味で、スポーツにとって非常に重要な要素がプラスされます。

これは余談ですが、「公園サッカー」という言葉を聞いたことがあるでしょうか？「公園サッカー」とはチームに属さず、ドリブルやリフティングなど、サッカーの基本的な動きを一人でやって楽しんでいるようなトレーニングを指します。一人で練習しているうちに、かなり動きがこなれ、いかにもサッカーが上手な選手のように見える人も、ときどき現れます。

しかし、そうした「公園サッカー」の上級者を実際のピッチに立たせ、ゲームに出場させると、多くの場合、選手として通用しません。

そのもっとも大きな原因は、ボールの動きや他の選手の動きに合わせ、広いピッチ上を移動できないところにあります。

激しく前方に進む力をベースにして、瞬時にいろいろな方向にガンガン突き進むということができないのです。なぜなら、彼は公園の中で、ほぼ決まった場所でほとんど動かないまま、その場でただボールをコントロールすることだけに熱中していたからです。

この「公園サッカー」が象徴するように、実際のスポーツにおいて、前に突進する力は非常に重要になってきます。

したがって、立甲の事前ワークでも、その場歩きだけでは十分とは言えないのです。必ず歩きも行って、「下半身がいかに体幹を乗せて、見事に運べているか」「いかに前へと滑らかに進んでいるか」を、歩きのワークの中で観察してみる必要性があるわけです。

③自分の専門種目の基本動作を5回

この「その場歩き」と「歩き」に加え、最後に自分の専門種目の基本動作を5回程度行ってください。

本書は、アスリートが自分の種目のパフォーマンスを向上させることを目的としていますから、立甲をトレーニングした前後で何を比較するかと言ったとき、専門種目の基本動作の確認は欠くことのできないワークとなります。

たとえば、野球であればバットの素振り、ピッチングフォームの確認などを行って確認するという具合です。

自宅で本書を手に取って、部屋の中でこの事前ワークをやってみようという人も多いでしょうが、そうした場合は、道具を使わなくても結構です。バッティングの素振りも、バットをもたずに素手でバッティング動作をするだけでもOK。ピッチングもボールを使う必要はありません。サッカー選手であれば、ボールなしでドリブルで相手を抜くようなイメージ動作を行えば十分ですし、水泳の選手ならプールに入らず、自室で水を掻くプル動作を行ってもいいでしょう。

水泳の場合、空気と水を掻くのではあまりに違うのではないかと思われるかもしれませんが、じつを言うと、ここで比較するのは、その空気を掻いている動作そのものではありません。比較したいのは、トレーニングの前後における、その動作の違いの中にある変化。

つまり、変化がどこから生まれ、どんな内容のものなのかという点です。「あっ、この変化はこの感じだ。ここから来る、この感覚だ」という部分こそが大事なのです。じつはそこが、水を掻くことのトレーニング前後の変化と非常に近似するところなのです。

水泳だけではありません。こうしたことは、科学的にいくつかの種目において、すでに証明されています。

つまり、実際の競技を行うシチュエーション、道具、動きの大きさ、激しさとは違う状態で確認した立甲のトレーニング後の変化と、リアルなスポーツの現場での変化は、種目を問わず近似していることは確認済みなのです。そのため、読者のみなさんは安心して取り組んでください。

もうひとつ、この**専門種目の基本動作確認でポイントとなるのは、動作感覚を大切にして、軽く行うこと**です。いきなり、フルスイングでバッティングをしたり、全力でピッチングをしたりする必要はなく、動作感覚を大事にしながら、軽く、しかも回数は5回程度にしておくことが非常に大事です。

というのは、**立甲のトレーニングを仮に15～30分ほど行って変化した脳の働きや機能は、強大な運動、全力の動きにはまだ耐えられない**からです。

15～30分で得た刺激によって生まれた機能は、軽い動作、軽い運動のときに限って、その運動を支配、コントロールできるレベルでしかないからです。

つまり、全力で行う動きとなると、その程度の脳機能では、その運動全体を十分に変えるほどの支配力がないということです。

考えてもみてください。いかに立甲のトレーニングが有益、有効であろうとも、本書を手にしたその日に試合を迎え、試合前のウォームアップの時間に、15～30分だけ立甲のトレーニングをして「あいつは別人になったのか」と言われるようなハイパフォーマンスを発揮したとしたら、それは何か目に見えない力、魔法、守護神などが憑依するといった、漫画の世界の話になってしまいます。

現実的には、1回に15～30分の立甲トレーニングでは、その刺激によって、脳が根本的にその人の動きを変える機能を少しだけ得るというレベルになります。ただし、支配力は少しだけですが、変えるのはその人の運動の〝根本〟なのです。ここがとても重要です。

ゆえに、軽い動作で確認しないと、その成果はたちまち消えてしまうのです。

では、立甲で得られる高度なパフォーマンスを、実際の試合で活かすにはどうすればいいのか？

たとえば**野球で、打席のたびにフルスイング、先発ピッチャーとして7回まできちんと投げきるという質量で力を発揮するためには、日々、この立甲のトレーニングに取り組んで、脳の機能を徹底的に変え、強化することが欠かせないのです。**

脳科学的な話をすれば、このトレーニングによって刺激され、一時的に生まれた機能にしたがった脳のプログラムが構築・定着するまで、新しい脳神経回路が立甲のトレーニングによって作られるまで、繰り返し繰り返し取り組むことが必要だということです。

そうした脳神経回路が完成、定着すれば、バッティングで何度フルスイングしようが、サッカーで90分フル出場して走り回ろうが、新しく根本的に変化した自分を支えるだけの脳の機能を発揮できるようになります。

これは重要なことなので、よく覚えておいてください。

立甲のトレーニングを行ってみて、「何がどう変わったのか」と興味をもつのは当然でしょう。しかし、だからといっていきなりガンガン、全力で身体を動かし始めても、それは育ちかかった脳の機能を消すだけですので、「なんだ、立甲のトレーニングをしても、何にも変わらないじゃないか」などとは言わないでください。それは比較検証の方法、設定の仕方が間違っているのです。

ワーク01 地球の中心（地芯）上空6000キロに立っているイメージ

重力に対して無頓着な現状のスポーツ界

さて、事前ワークをすませたら、ここからが「正しい立甲の方法」のワーク1です。

ワーク1は「地球の中心の上空6000キロに立っているとイメージする」ことです（これを省略表現で「地芯に乗る」、または「地芯に乗って立つ」と言います）。

「地球の中心」という単語は長いので、略して「地芯《ちしん》」と呼ぶことにします。地芯の「地」は地球の「地」。「芯」は「中心」の「心」より、モノの「芯」の方がしっくりくるので草冠の「芯」にしました。

この地芯は物理学で言えば、地球の重心とまったく同じ存在です。地球の中心は、地表直下の6000キロに位置するわけですが、立甲のトレーニングを行うときは、その地芯の上空、6000キロに立っているとイメージしてください。

この「地芯上空6000キロに立つ（水泳なら横たわる）」は、あらゆる身体運動のパフォーマンスを本質的に高めるための、もっとも重要なアイディアのひとつです。

そして、この「地芯上空6000キロに立つ＝地芯に乗る」というアイディアを、将来、世界中のアスリートが取り入れ、実力を高めてくれることを願って止みません。

なぜなら、人体に働いているもっとも大きく多量な力は、地球の地芯から人々の身体を含め、地球上のあらゆるものを1秒も欠かさず、常にあらゆる時間にわたって引っ張り続けている重力だからです。

しかも、その重力には方向性があって、それらの力はすべて地芯に向かっていきます。

繰り返しになりますが、この**重力こそ、人体に働いている最大最多量の力**です。その最大最多量の力＝重力は、自分自身の動きを邪魔するものであると同時に、もっとも手助けしてくれる力でもあります。

たとえば、ジャンプをしようとします。このとき、ジャンプの邪魔をしているのは地球の重力です。もし重力がなければ、1

■地芯に乗って立つ
（地球の中心から上空6000kmに立っているイメージで立つ）

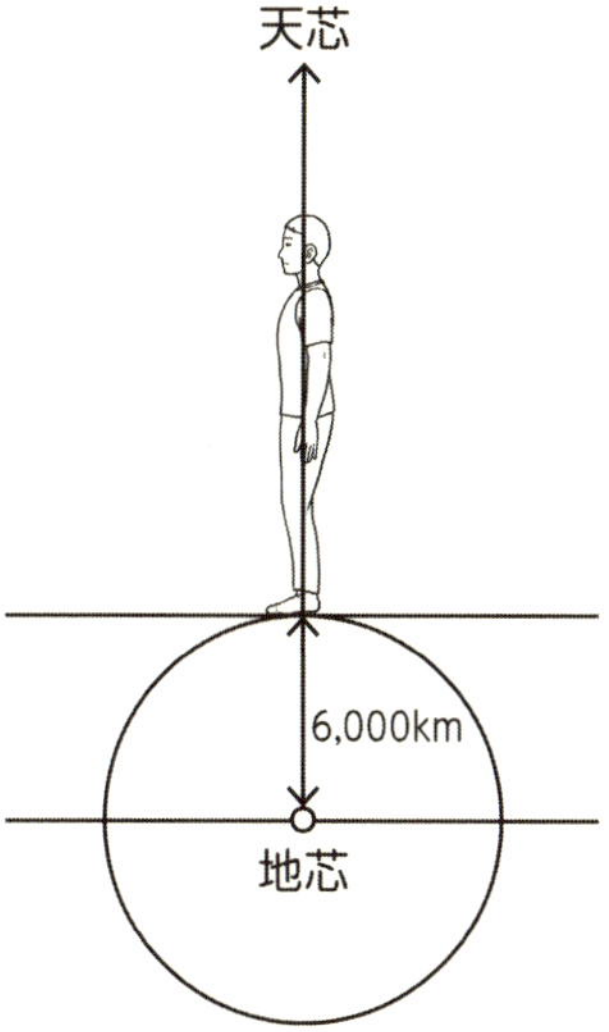

地球の中心（地芯）から上空6000kmに立つイメージをもつ。地芯に向かって全身体にかかる重力を最適に感じ、コントロールし切れる状態こそが最重要。この状態を「地芯に乗って立つ」と言う。

回ジャンプしただけで永久に空中を飛び続け、地表に戻って来れませんし、月面のように重力が地球の6分の1しかなければ、子どもだって高跳びの世界記録を簡単に塗り替えてしまうでしょう。

一方、走り出そうとしたときに、重力がなくなってしまったとしたらどうでしょう？

足が地面の上で空回り、空滑りして、少しも前に進めなくなってしまいます。走ることができないのですから、陸上競技もサッカーもテニスも何もできなくなります。また、レスリングで相手がタックルしてきて、それをうまく足を捌いて、上から相手を潰そうとしたときに、もし重力がなかったらどうでしょう？　重力がなければ、当然相手を潰せません。柔道や相撲で相手を倒すなどという発想すら生まれません。プールに水が溜まらないので水泳もできません。

そもそも自分の体重を利用する場合、自分の身体の質量に働いている重力を利用しているわけです。

しかも、それは方向性があり、すべての重力は例外なく地芯に向かっています。レスリングでタックルをして相手を倒そうとしたときに、その重力の方向性を利用するのを間違えたら、倒すどころか、逆に相手に倒されてしまいます。

ゴルフのスイングでも、テイクバックをするとき、クラブヘッドの重みを感じることが大事だと言われています。なぜかと言えば、クラブヘッドの質量に働いている重力を利用してフォワードスイングをするからです。だから、クラブヘッドの重みを感じることが大事なのです。

ゴルフのスイングの一番の基本は振り子運動。人にもよりますが、ゴルフクラブに腕の長さを加えた状態、およそ2メートル弱の棒状の物体を、重力にしたがって振るという振り子運動が、もっとも基本になっています。

その重力自体の力に、いかに筋力によるプラスの力を加えて、さらにヘッドスピードを増し、ボールにその運動量を伝えられるかが問われるわけです。

このように、**あらゆるスポーツの、あらゆる運動のもっとも重要な力は、地芯に向かって私たちを常に引っ張り続けている重力**なのです。

したがって、世界のスポーツ界は何をさておき、このことを教えていかなければなりません。

ところが、いまだに手つかずでいるというのがスポーツ界の現状です。そのために、これまでは重力を感じ、重力を活かすということは、選手個人の生まれもった才能、センスに任されてきたわけです。

地芯をとらえて重力を感じる重要性

ここでひとつ、面白い例を挙げておきましょう。

体操界で史上ナンバーワンの選手と言えば、オリンピックに3大会連続で出場し、個人総合2連覇を含む7つのメダル（金メダル3、銀メダル4）獲得と、世界体操競技選手権でも過去最多の個人総合6連覇の記録をもつ、日本の内村航平です。

彼の世界選手権個人総合での連勝記録が6で途絶えてしまったのは、2017年世界体操競技選手権（モントリオール）において跳馬の着地で負傷し、途中棄権したためでした。

これは大変残念な出来事だったわけですが、あのとき、私は彼の演技をテレビで見ていて「あっ、これは（跳馬に）失敗するな」と瞬時に予測したのです。

なぜ、私がそう予測できたのか？

彼は、**それまで演技に入る直前に、必ず両手を身体の前に出し、自分の身体の軸と跳馬なら跳馬の中心を結んだ面＝XY平面に手をかざし、そこをトレースするようなしぐさを行っていた**のです。

その作業を数回繰り返し、「よし、決まったな」といった表情をしてから、走り出して演技に入っていくのが常でした。

しかし、モントリオールでのあの跳馬の直前だけは、そのしぐさが見られなかったので、私は「これは失敗する」と瞬時に予測したわけです。

このとき内村が行わなかった、例のXY平面をトレースするしぐさが、どれだけパフォーマンスに影響を与えたのかは、あの偉大な王者が世界選手権7連覇を成し遂げるか、それとも負傷し棄権するか、という大きな違いに表れています。

内村にとって、あのトレース動作は、地芯と重力の力を活かすのに欠かせない動作だったからです。

このことからもわかる通り、**地芯をとらえて重力を感じることは、どんなスポーツ選手にも極めて有効で、なおかつパフォーマンスアップのための必須の要素なのです。**

そして、その能力は個人の才能、センスにまかせるものではなく、根本的に鍛えられる時代を迎えているのです。

そのためのトレーニングの第一歩となるのが、「地芯、上空6000キロに立っているとイメージする＝地芯に乗る」ことなので、ぜひ真剣に取り組んでみてください。

ワーク 02 立位で全身の骨と筋肉をバラバラにほぐす

続いて、「**地芯、上空6000キロに立っているとイメージ＝地芯に乗る**」しながら、**立位で全身の骨と筋肉をバラバラにほぐしていきます。**

どうやって全身をほぐしていくかというと、まず、手を大きく上に伸ばしたり、斜めに伸ばしたり、横に伸ばしたり、前後に伸ばしてみてください。左右の手の位置はバラバラでもかまいません。

■地芯に乗って立ち、全身の骨と筋肉をバラバラにほぐす

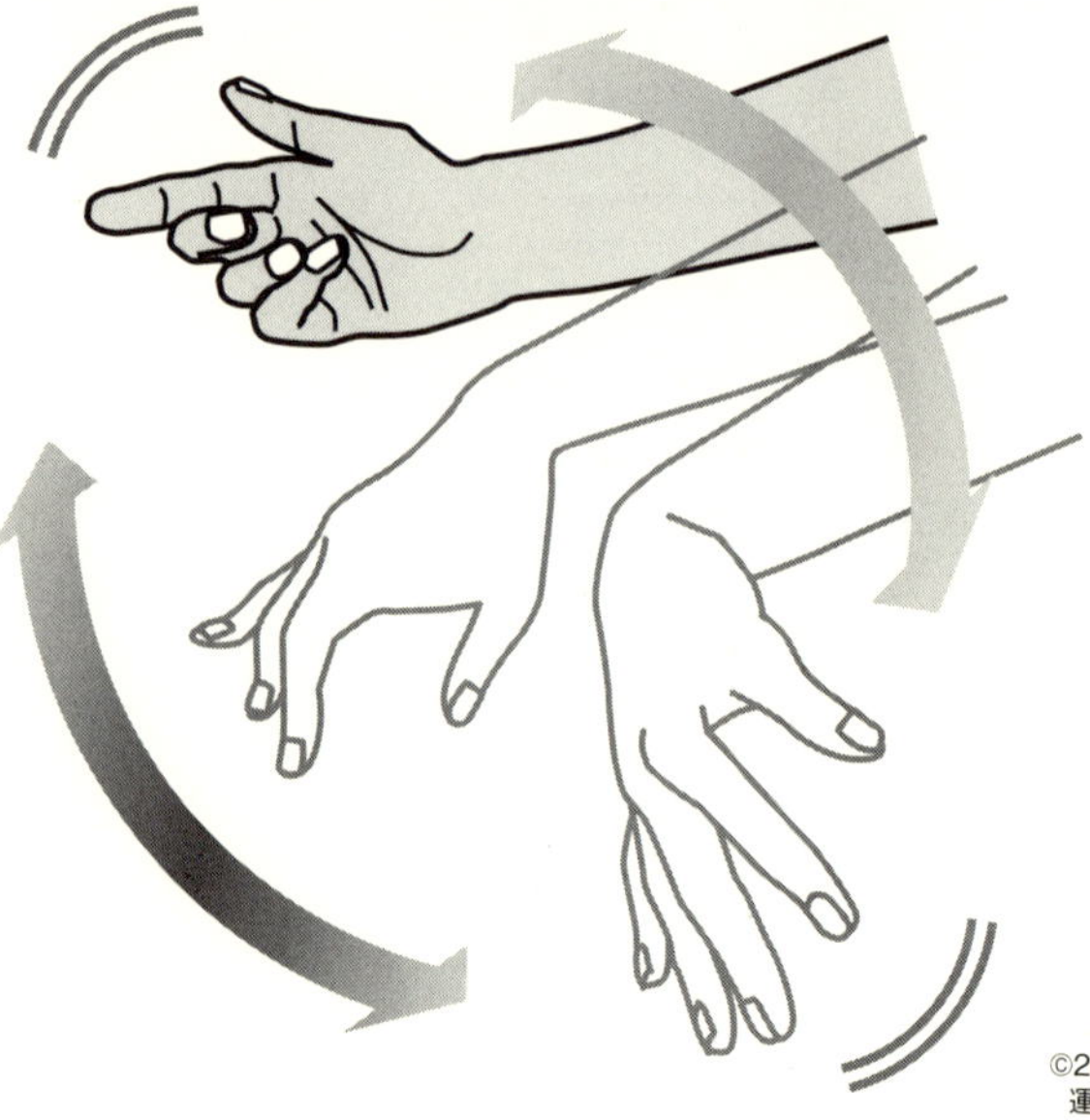

©2018 Hideo Takaoka
運動科学総合研究所

腕や手を色々な方向にブラブラさせる。さらに細かくプラプラさせてみる。

■優れた腰割りのイメージ

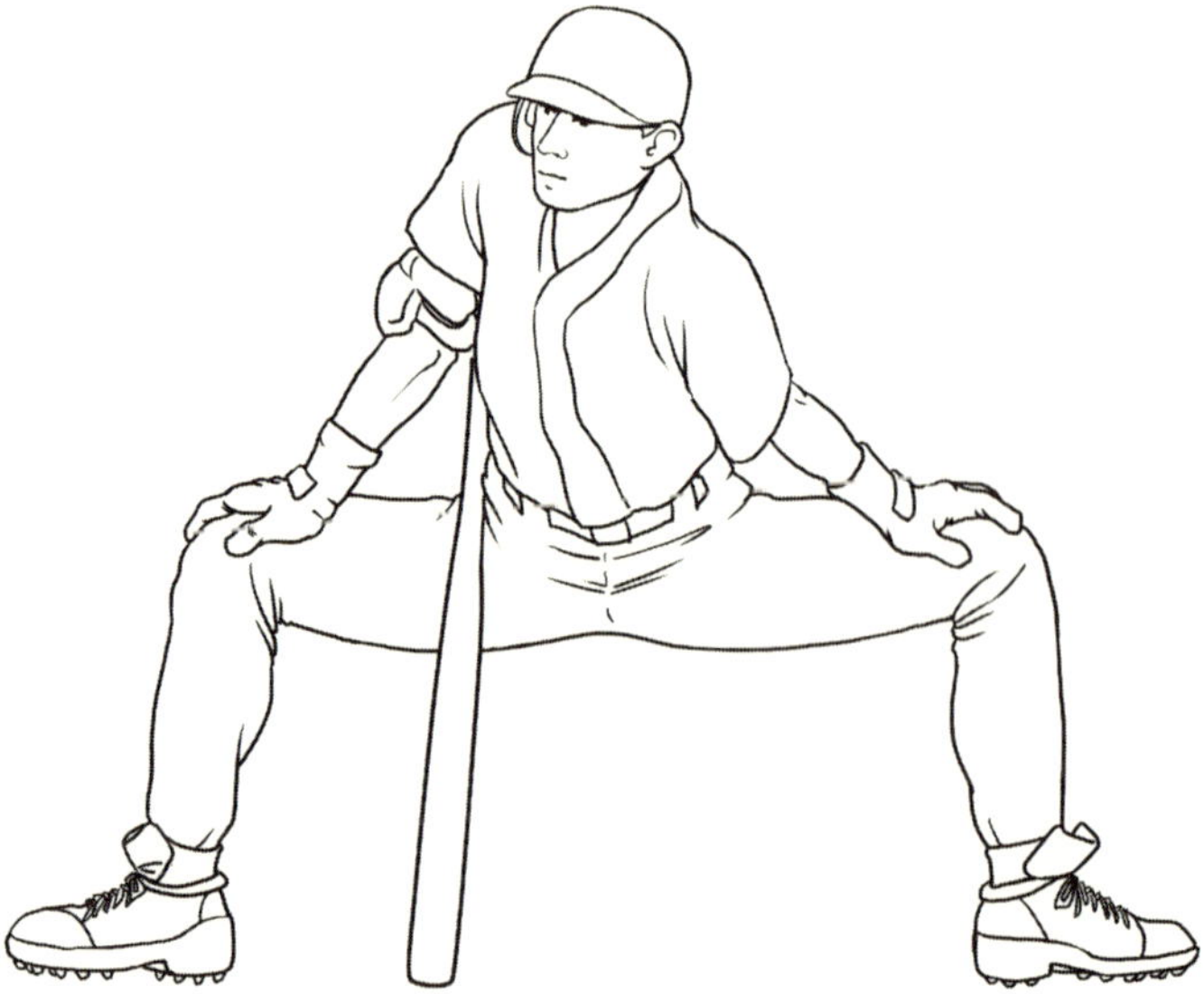

優れた腰割りのイメージ。地芯に乗って立ち、上半身も下半身もゆるめ解きほぐすことが大切。

その状態で、腕をブラブラさせてみましょう。細かくプラプラさせるのも有効です。今度は、首から体幹部を左右にクネクネさせていきます。前後方向にクネクネしてみたり、体軸周りで少しひねりを入れるのもいいでしょう。

下半身は、腿を交互に上げていきます。まっすぐ前方に上げて、徐々に横方向にも上げていきます。腿を内側から外側に回してみたり、横から前へもってきたり、前後にブラブラさせてみます。さらには、少し左右にも振ってみてください。

大リーグのイチローがよく行っていた、腰割のようなポーズもしてみましょう。さらに野球のピッチャーのための肩甲骨をほぐすストレッチや、動的ストレッチも有効です。

これらの運動を、何回か繰り返すのが、ワーク2です。

ワーク
03 「肘抜き」をする

両肩、両肘、両手首の力を抜き、両肩の位置を上げないように脱力しつつ、両腕を平行にして前水平に上げます。体幹との角度を直角にして、このとき両肘は脱力伸展位としま

す。

これを「肘抜き」と言います。

手首はダラ～ッとしてください。

両肩の位置を上げないようにというのは、とくに意識しなくても、両腕を前水平にもっていった場合、両肩の位置が上がらない人もいるはずです。

その反面、肩に力が入りやすい人は、両腕を前に上げていくときに、肩も一緒に上がっていく傾向があります。詳しく言うと、僧帽筋に力が入りやすい人は、腕を前に上げると連動して肩も上がってしまうので、正しいポジション、正しい肘抜きができなくなってしまいます。

正しいポジションをとるには、僧帽筋や肩甲挙筋など肩をもち上げる筋肉の脱力が必要です。

どうしても、肩が上がってきてしまう人

■肘抜き

地芯に乗って立つ（地芯上空 6000km に立つイメージ）。両肩・両肘・両手首の力を抜き、両肩の位置を上げないように脱力しつつ、両腕を平行にして、前水平に上げ体幹との角度を直角にする。このとき、両肘は脱力伸展位とする。これを「肘抜き」と言う。

は、そこで肩回しをしてみてください。まずは手を垂らして、前から後へ。できるだけダラ〜ッとして、力を抜くようにユッタリユッタリと、ゆっくりしたリズムで。次に後ろから前へ。これはユッサユッサと、ちょっと早めのリズムで行うのがいいでしょう。

じつは、こうしたところにも運動進化論が大きくかかわっています。

肩を前から後ろに回すときは、ゆっくりでなければなりません。反対に、後から前へ回すときは、より早いリズムがいいのです。

なぜかと言うと、これは四足動物時代の肩から肩甲骨の運動に影響されているからです。肩を前から後ろに回す運動は、四足動物の場合、伸び動作のときに使う動きです。だから、ゆっくりした動きで行うのが理に適っているのです。早い動きで行うと、身体を壊す可能性もあるので気をつけてください。

一方、肩を後ろから前へ回す運動は、まさに四足動物の疾走運動の動きです。したがって、この動きはテンポよく、ある程度早く行う方がしっくりくるのです。そうしてユッサユッサと力を抜きながら肩を元気よく回し、リズムをとっていけばいいのです。

こうしたところも、動物時代にどう生きていたか、どういう運動をしていたかが、非常に重要になってきます。

このような脱力法も駆使して、肩の力を抜いて、両腕を前水平に上げ、体幹との角度を直角にしてください。

このときに、両肘も脱力伸展位にするようにしましょう。なお、両肘の脱力伸展位の方法についてては、のちほど詳しく解説しますので、お楽しみに。

ただ、この段階で、どうしても肘が曲がってしまうとしたら……。その人はよほど力みやすい人だと言えます。その力みやすさは、アスリートとしてかなりのデメリットになるので、何とか改善しないと、そのままでは現状以上の大幅なパフォーマンスアップを望むのは難しいほどの課題となります。

見方を変えると、どんな分野、どんな種目においても、世界の真のトップに立てるアスリートは最高に脱力のうまい選手だということです。

脱力が下手で、力む癖が残ったまま世界のトップに立つことは、絶対にあり得ないと言い切れます。これだけは、みなさんも覚えておいてください。

ところで、なぜ、このワーク3で腕を前水平に上げて、体幹との角度を直角にするのかというと、この後、腕と肩と体幹の関係をそのまま90度前に倒して、次のワークを行うからです。

ワーク04 両腕体幹直角移行

このワーク4では、ワーク3で作った両腕と体幹全体を90度前倒しにします。

そして、地芯上空6000キロのイメージを忘れずに、四足の姿勢に移ります。

このことを「両腕体幹直角移行」と言います。

できれば身体の横に鏡を置いて、自分の腕と肩の位置を見てください。腕が床に対し、垂直になっていればOKです。

次に肩関節を思いきり前に出してみましょう。首がうずくまるほど肩を前に出します。立位で言えば、肩が上がった状態なので、この状態はNGです。この状態にならないように、一度前に出した肩はできるだけ後ろに下げてください。

あとは下半身のチェックです。まずは前腿を触ってみましょう。前腿も90度、垂直になっているかどうか、自分の手で触って

■両腕体幹直角移行

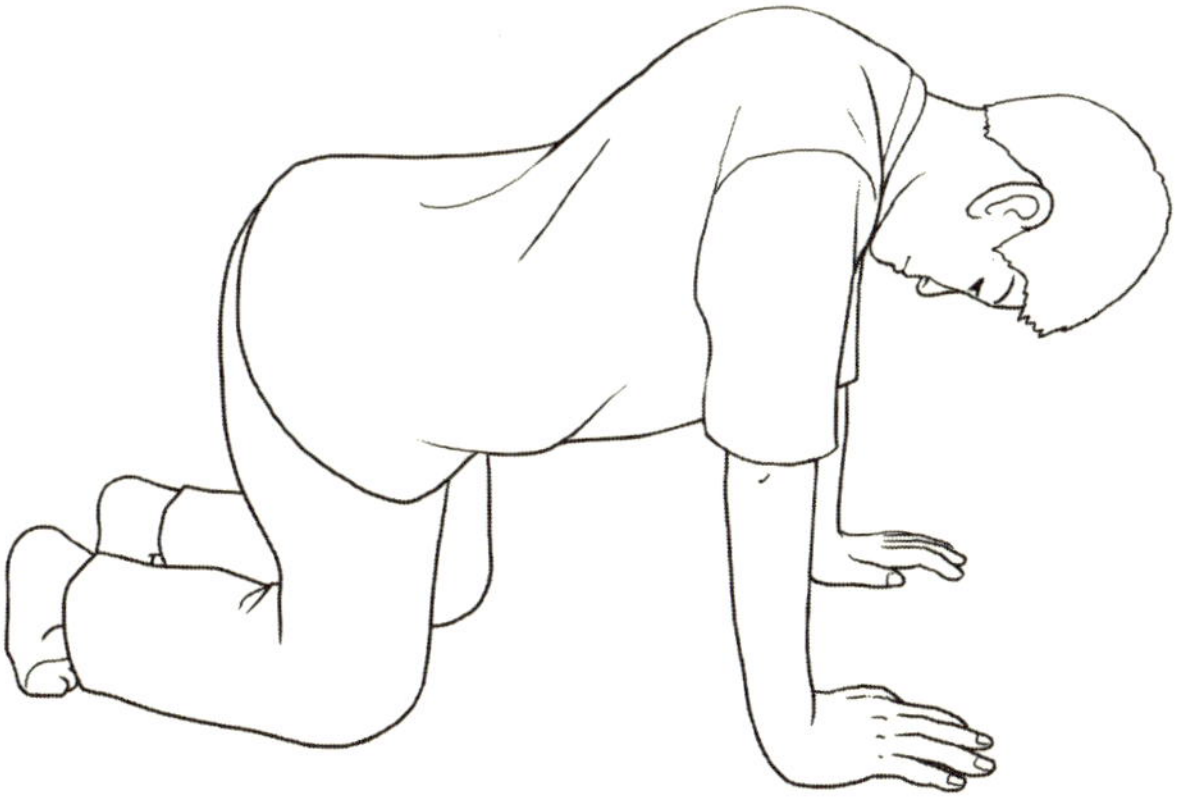

両腕と体幹を90度前倒しにして、地芯に乗るように（地芯上空6000kmのイメージで）四足の姿勢に移る。これを「両腕体幹直角移行」と言う。

確認し、きちんと90度になるように調整します。

確認できたら腕を元の位置に戻し、今度は腕が前から見て平行かどうか確認します。わかりづらければ、手を置いている位置が肩幅になっているかをチェックしてみましょう。

これも、人によって癖があって、前から見ると腕が「等脚台形」になってしまう人もいますし、内側に狭く手をついて、腕が「逆等脚台形」のようになってしまう人もいます。

手を肩の真下につくようにする、これが正しい方法です。

手の次は、腿もチェックしてみましょう。腿の中心線を意識して、それが垂直・平行になっているかどうか確認してみてください。

「太腿」と言うように腿は太いので、股関節から膝関節の中心まで通っている中心線、腿の軸を想像するようにします。

腕の場合は腿よりはるかに細く、目視で確認しやすいので、腿に比べれば軸を意識しなくてもポジションを決められますが、腕に関しても、腿と同じように軸が通っていることを意識すると、より正しいパフォーマンスが得られます。

美しいシルバーをイメージしながら……

もうひとつ大切なことは、四つん這いになったときも、地球の中心＝地芯を意識する必要があるということです。

「えっ、自分の種目では、四つん這いでプレーすることはないんだけど……」と思う人もいるでしょう。

しかし、この立甲は第1章でも記してきた通り、四足動物時代の、つまり野生動物時代のメカニズムにスイッチを入れ、それを呼び覚ますものなのです。

チーターなどの野生の四足動物は、現代を生きる人類よりも、はるかに地球の物理学的な中心＝地芯をとらえて、それを利用する能力高く生きています。だからこそ、あれだけ俊敏、高速、華麗な美しい動きを体現できるのです。

野生動物の動きとは、本当にどの瞬間を見ても、息を飲むほど美しいことをみなさんもよくご存知でしょう。それは、**どんな運動も、その動物の個体にかかっている最大最多量の力である重力、地球の中心に真っすぐ向かって働いている重力を利用しきっているからこそ、あれほどの美しい姿、美しい動きになるのです。**

要するに、重力を利用するメカニズムと立甲というメカニズムは、同時にできあがってきたわけです。このふたつのメカニズムは、お互いにかかわり合い、助け合い、切磋琢磨しながら、四足動物時代に育ってきたということです。

したがって、立甲を正しく行おうとしたときは、「地芯上空6000キロに自分がいる＝地芯に乗る」というイメージをもつ必要があり、それをイメージせずにこのワークを行うのは、あまりにも非効率で、もったいないとしか言いようがありません。

「地芯上空6000キロ」と言われると、とっつきにくいかもしれませんが、これはあくまでイメージでいいのです。イメージだけなら、誰だってそれほど難しくはないはずです。

しかし、何でも物をイメージするには色が必要ではありませんか？

その答えを出すためのヒントをひとつ紹介しましょう。

私が考えるに、**この地球の中心＝地芯の色のイメージは、美しいシルバー色が最適**です。

じつはこの美しいシルバーに行きつくために、いろいろな色をイメージして、立甲をはじめさまざまなトレーニングを試す実験も行っています。科学者というのは、こんなことまで実験するのか、と思われるでしょう。指導しているたくさんの選手に協力してもらい、いくつかの色を指示してトレーニングを行ってもらったところ、他の色に比べ、立甲をはじめとしたトレーニングが上手にできたのが、美しいシルバーだったのです。

念のため、美しくないシルバー、錆びたようなシルバーもイメージして行ってもらったことがあるのですが、これはまったくうまくいきませんでした。

動きがガサツになり、気分も悪くなり、立甲で言えば先ほどの肘抜き、肘を脱力伸展することができなくなってしまったのです。

他にも、赤や橙色でも試してみました。すると、力んでしまって、リラックスができなくなることがわかりました。青も試してみましたが、青は比較的落ち着くことができます。ただし、美しいシルバーに比べると、かなり〝冴え〟が劣ります。「今日は冴えている」と言ったときの「冴え」を支えているのが、美しいシルバーなのです。

美しいシルバーの地芯をイメージして、その上に乗っている感覚になると、非常に冴えてくるのです。また選手の中には、美しいシルバーを想像しただけで地球の中心からピターッと支えられる、軸がスーッと、スパーッと通ってくる感じがするという人が何人かいました。

色に対する感性、感覚の優れている人は、この話を聞いただけでも、ピンとくるものがあるのでしょうが、そうでない人も、立甲のトレーニングを行うときは、「美しいシルバーの地芯、その上空6000キロに立つ＝地芯に乗る」とイメージしながら取り組むようにするといいでしょう。

この場合のイメージの秘訣を最後に教えますが、それは「軽く想像する」という感じです。トレーニングに入るときでも、その途中でも「少し思い出しては軽く想像する」くらいがいいのです。でも、イメージすること自体を、忘れてはいけません。

ワーク

05 四肢垂直軸支持

5つ目のワークでは、4本の腕と腿をすべて垂直かつ互いに平行にし、四肢がそれぞれ独立したイメージで体重を支持するようにします。このとき、ワーク4でも説明した通り、

4本の腕脚にそれぞれ細い軸が通っているイメージをもつと効果が倍増します。

鋭い人は、「ひょっとして、その軸も美しいシルバーをイメージした方がいいのでは？」と考える人もいるでしょう。

でも残念ながら、それは不正解です。

じつは、4本の腕脚の軸については、色のイメージにこだわる必要はありません。余裕がありすぎるほどある人は、美しいシルバー色をイメージしてもらってもかまいませんが、そんな人はひとりもいないはずです。無理してまで色のイメージをもつことはマイナスでしかない、というのが結論です。

なぜでしょうか？　それは、無理に色をイメージすると、そのことで脳の働きを奪ってしまうからです。勝手にシルバー色のイメージが浮かぶという人は意識的ではないので、そのことによって脳の機能が奪われる心配はありません。放っておいても、イメージできてしまうのですから、それはマイナスにはならないので大丈夫です。

このことは、地球の中心＝地芯についても、おおよそ同じことが言えます。だから、前述したように、はじめのうちは「少し思い出しては軽く想像する」くらいがいいわけです。

やがてトレーニングが進んできたら、「地球の中心は、美しいシルバーだ」と必ず意識するようにしてください。つまり、こうした色のイメージをもつことについても、トレーニングによって、自分が上達し、ものにしていくことが大切なのです。

さて、このワーク5では、軸の通った腕や脚、腿から足が、互いに独立したイメージをもつことがポイントになります。

4本の腕脚が互いに独立していないというのは、4本の腕脚が力み、悪い意味で一体になった状態です。

なぜ、この力んだ一体化がダメなのか?

四足動物を思い出してみてください。草原を疾走するチーターや、30メートルもある高い木の上で枝から枝に飛び移る猿たち、その他もろもろの四足動物たちが、力んで全身が一体になっている瞬間があるでしょうか? 力んで一体になってしまったら、動けなくなってしまい、野生動物にとって、それはただちに死を意味します。

四足動物たちは、静止している状態であっても、じつはあの高速で動き回れる前提を維持しているのです。肩関節周りから股関節、その他の筋肉関節が、ゆるゆるツルツルの状態でスタンバイしています。筋肉は、それだけ見事に脱力できていて、四肢は互いに独立しているわけです。

立甲は、四足動物時代のメカニズムですから、当然、ただ四足で立てばいいわけではありません。四つん這いの姿勢になったときも、四足動物時代の私たちがそうであったような身体状態をとらなければ意味がありません。そうでないと、メカニズムが有効に働かなくなってしまうからです。

さらに、四足状態で脱力して、体幹の重さを腕と脚によって支えるトレーニングを行っておくと、そのこと自体が非常に優れた脱力のトレーニングになります。

具体的には、脱力したまま腕脚で体幹を支えられれば、そのあと立ち上がったときに、脚も腕も滑らかに動き、全身の力みも抜けるのです。

みなさんも、少し疲れてきたときや気分転換したいときに、軽くストレッチをすることがあるでしょう。そうした軽いストレッチと同じように、30秒でも1分でもかまわないので、四足の姿勢をとるのもおすすめです。四足状態になって、身体をモゾモゾ動かして解きほぐし、身体を脱力させるのは、大変プラスになるからです。

そのときは、美しいシルバーの地芯上空6000キロにいる＝地芯に乗ると「軽く想像する」ことも忘れないでください。

このワーク5で行った、「4本の腕と腿はすべて垂直かつ互いに平行にし、4本の腕脚が互いに独立したイメージで体重を支持する」ことを、「四肢垂直軸支持」と言います。

ワーク

06 四足脱力体

続いて、肩関節周りをグニャグニャ・モゾモゾと動かしてほぐし、ワーク3と同様に両

腕を平行かつ体幹との角度を直角になるようにしつつ、両肩もできるだけ脱力しながら頭の方向に上げないようにします。

もしも、両肩をこの位置で維持するのが苦しければ、少しだけ肩を上（頭の方向）にしてみてください。そうすると少し楽になります。これもトレーニングを積むことが必要なので、だんだん肩が下がる（腰の方に近づく）ように努力していきましょう。

四足動物時代に近い四足を目指すのであれば、より腰に近い位置で、肩のポジションがとれるようになるのが、ひとつの上達の里程標、マイルストーンだと考えてください。

最初は肩を下げようとしたとき、ひどく力んでしまうことが多いはずです。筋肉で言えば、立位のときに肩腕をグッと下げる筋肉＝大胸筋・僧帽筋・広背筋などに大きな力を入れないと、肩の低いポジションがとれないのです。**一方、上手な方法はローテーターカフ、つまり肩関節を肩甲骨とつないで守る４つの筋肉ですが、これを軽く締めて固定する＝「格定」を使い、大胸筋・僧帽筋・広背筋をあまり力ませずに肩の低いポジションがとれることです。このローテーターカフの「格定」を「肩格定」と言います。**

この「肩格定」がうまくつかめない人の場合、肩が少々上がるよりも、大胸筋・僧帽筋・広背筋の力みの方がデメリットが大きいので、暫定的に肩の位置が少々頭に近い場所にあってもＯＫとします。はじめての人は、まずはそこから始めてみてください。

そして、体幹を上下左右にグニャグニャ大きく波打たせてほぐしていきます。

これを行うと、四足動物のような感じがかなりしてきますので、四足動物になった気分で行いましょう。

そうして体幹部をほぐしたら、肋骨から胴体にかかる重力を感じて、地芯に向かって垂らしてください。

ここでは体幹部を垂らしていくことがとても重要になります。肋骨もちょうど両肩の間、上腕の間を通って、地芯に向かって垂れる感覚をもつことが大事です。

これを行わないと、立甲はうまくできるようになりません。

また、肋骨を引き上げるような姿勢、猫が怒って威嚇するようなときの姿勢を脱力して垂らす姿勢と交互に織り交ぜて行う方法も、脱力感をつかむのに役立ちます。

「肘抜き」ができ、上手に肋骨の垂れ下がった、基本ベースとなるポジションができあがると、この時点で「肩格定」ができる人は、自然に立甲が生まれます。

■四足脱力体

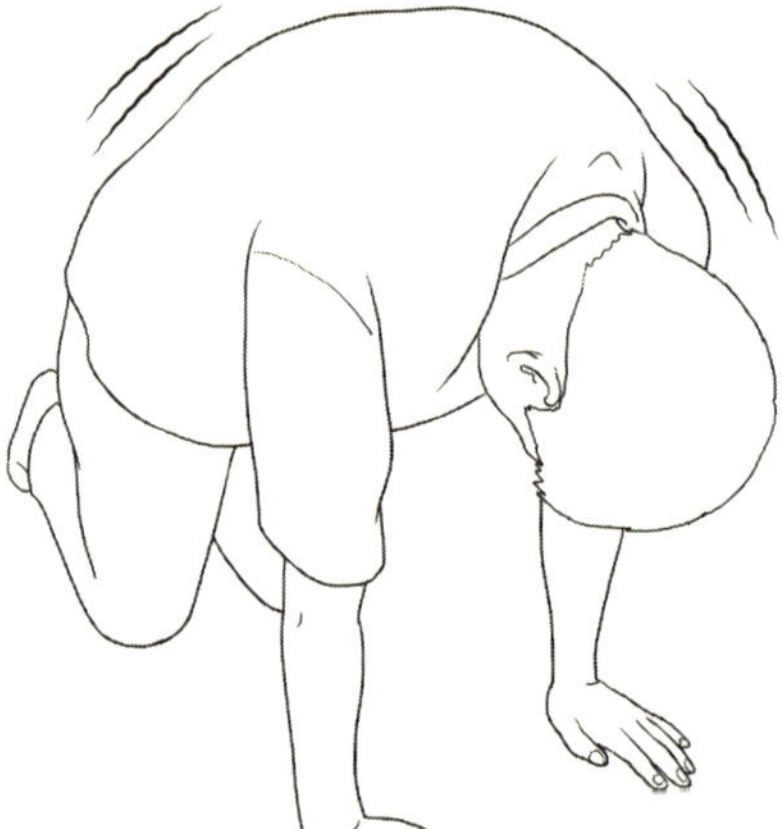

地芯に乗って四足の体勢をとり、肩関節周りをグニャグニャモゾモゾとほぐす。両肩をできるだけ頭の方向に上げないようにして、体幹を上下左右にグニャグニャ大きく波打たせてほぐし、肋骨から胴体にかかる重力を感じて、地芯に向かって垂らす。これを「四足脱力体」と言う。

バイオメカニクスの観点から説明すると、前鋸筋で肩甲骨を肋骨の外側から前へ滑り込ませるようにしつつ、肩甲骨と上腕の肩関節角度を広げ（寝た肩甲骨を立たせる方向）ながらローテーターカフで「格定」していくと、上部体幹に働く重力によって上腕骨に突き上げられるように肩甲骨が肋骨から離れ立ち上がる、ということになります。

立甲がなかなかできない人には、次のような傾向が見られます。

それは四つん這いの姿勢で立甲になるため、肩甲骨を立てようとしたときに、大胸筋全体に力が入り過ぎるため、その肩甲骨と一緒に肋骨も上がってしまうケースです。

こうなってしまうのは、肋骨に肩甲骨がへばりついている証拠であり、少し肩甲骨

■同じ体格ならばライオンにも圧勝すると言われるトラ

この「四足脱力体」がもっとも得意と言われている動物がトラ。ライオンと比較しても、圧倒的に脱力している。つまり、トラは地芯に乗るのがもっとも優れている動物ということだ。

ワーク
07
四足両立甲

が立ったように見えても、これを立甲とは言いません。

そうならないように、**肋骨から胴体全体にかかる重力を感じて、地芯に向かって肋骨を垂らすことが大事なのです。この状態を「四足脱力体」と言います。**

この「四足脱力体」は、四足動物がもっとも得意とするポジションです。さらに言えば、運動能力の高い動物ほど、これが上手です。チーター以外でとくに上手なのがトラです。トラは強烈な運動能力のもち主で、同じ体重、体格ならばライオンにも圧勝すると言われています。興味がある人は、若く健康なトラとライオンを観察して比べてみてください。圧倒的にトラの方が「四足脱力体」がうまいことがわかるはずです。こうしたことも、大事な観察です。

また、肋骨は下げられても、肩甲骨が肋骨にへばりついた「寝甲」状態で肋骨と一緒に落ちてしまう人もいます。こういう人は「肩格定」にかかわる肩甲下筋を除いた外側三筋の働きが弱いのです。肩甲下筋の力を弱めつつ、肩甲骨と背中の間の菱形筋などの脱力も進め、「肩格定四筋のバランス感覚」をつかむ必要があります。

ここではワーク4〜6で行った、地芯上空6000キロのイメージ＝地芯に乗る、両腕体幹直角移行、四肢垂直軸支持、四足脱力体の身体操作感をキープしつつ、肩甲骨を肋骨からはがすように上下左右に回しほぐしてください。

そして、手から腕の内側に沿って上方に立ち上がる支持線の延長線によって、肩甲骨の内側が立ち上がるようイメージしてください。

そこにスパーッと立ち上がってくるような感じ、これがとても大事です。これによって肩甲骨内側が立ち上がってくるようにイメージするわけです。

肋骨もダラ〜ッと垂れ下がって、肩甲骨の角度が30度以上になれば、立甲の領域に入ってきます。

これを「四足両立甲」と言います。

この立甲が自然に立っていくときの感覚は、じつに独特のものがあります。

自分で肩甲骨を立てようとしているわけではなく、勝手に肩甲骨が立ってきて、盛り上がってくる感覚。自分（体幹）は、地球の中心に向かって、どんどん垂れていくような感じがします。垂れていって脱力が進むと、さらに肩甲骨が立ってきて……。

このとき、もっとも垂れていくのは自由脊椎部と頭部で、次が肋骨と腰です。

それに対して、両腕の内側から肩甲骨の内側を立ち上がっていく支持線が、スパーッと上体の重量を支えていて、それが同時に、そして勝手に肩甲骨を立ち上げてくれる。立甲ができる人はこんな感じを味わえるはずです。

ワーク 08

肘抜き擦法と右甲腕一致

したがって、**肋骨が両腕内側の2本の支持線の間を垂れて落ちていけると、肩甲骨は勝手に立ち上がってくるようになります。この「勝手に」というのが、じつはDNAの中、脳の中にその機能が本来あることの証明になるのです。**

人間が脳に新しいプログラムを書き加えていく場合は、それができるようになるまで、前述のバイオメカニクスの情報も頼りにしながら、ワーク7の操作に加え、反復練習と試行錯誤を繰り返していくことになります。

ところが、すでにDNAと脳の中にある情報と機能を使いこなせる人の立甲は、そうした試行錯誤の脳の働きとは違う回路を使ってできるようになっていきます。「四足両立甲」で、うまく2本の支持線の間を肋骨が垂れ下がっていけば、勝手に立甲になっていくのです。現代人は日常生活の中で、それを邪魔する脳のさまざまな働き、つまり抵抗勢力のようなものが蓄積してしまっているのですが、それを取り除けると、見事な立甲を取り戻せます。この努力のプロセスで得られるメリットはたくさんあります。

このことが非常に大事ですので、覚えておいてください。

「四足両立甲」を試みたら、今度は「片立甲」のトレーニングに入ります。

まず「四足両立甲」の状態から左腕を支持から外して、右腕だけで支持し、右肩甲骨のみを立甲（右片立甲）させ、「肘抜き擦法」を使って右腕から右肩甲骨を一本の棒のイメージで体重を支えます。

これを「右甲腕一致」と言います。

ここで「肘抜き擦法」の説明をしておきましょう。右腕の肘を中心に腕の外側を、左手でさすってください。

このとき、「こっちじゃないよ」と声に出し、つぶやきながら行うのが大きな秘訣です。「こっちじゃないよ」と言いながら、10回さすったら、今度は「抜けるように、抜けるように」と言いながら、10回さすり続けてください。

この「抜けるように」とは何を指すかというと、ずばり支持線です。支持線とは重力に対抗して、肋骨や体幹を支持する意識のことです。

じつは立甲ができない大きな原因こそ、この腕の外側にできてしまう支持線なのです。

大半の人は、四つん這いになって立甲をしようとすると、肘が外側に向かって屈曲したまま、腕の外側を張って体幹の重さに耐えようという身体の使い方をしてしまいます。

わかりやすく言えば、腕立て伏せのできそこないのような体勢です。このように肘が外側に張り出してしまうと、肩甲骨は立たずにたちまち寝てしまいます。

肋骨も垂れていかないし、腕の内側に支持線が立ち上がっていかないので、肩甲骨の内側が立ち上がらなくなってしまうのです。

これが現代人特有の、肩甲骨と腕の使い方の特徴と言ってもいいでしょう。

この肘の外側で頑張っている部分のことを、「拘束外側」と言います。「拘束外側」を解消するためには、「こっちじゃないよ」「抜けるように、抜けるように」と声に出しながら、さするのが、なによりの近道なのです。

こうして、「拘束外側」支持が抜けてきたら、肘の内側も同じようにさすりましょう。肘の内側をさするときは、「こっちだよ、こっちだよ」と言いながらさするのがコツです。そうして10回さすったら、「通るように、通るように」と言葉を変えて10回ずつさすります。「通るように」とは、支持線が通るようにという意味です。

そして最後は、「頼むよ、頼むよ」と感

■肘抜き擦法と右甲腕一致

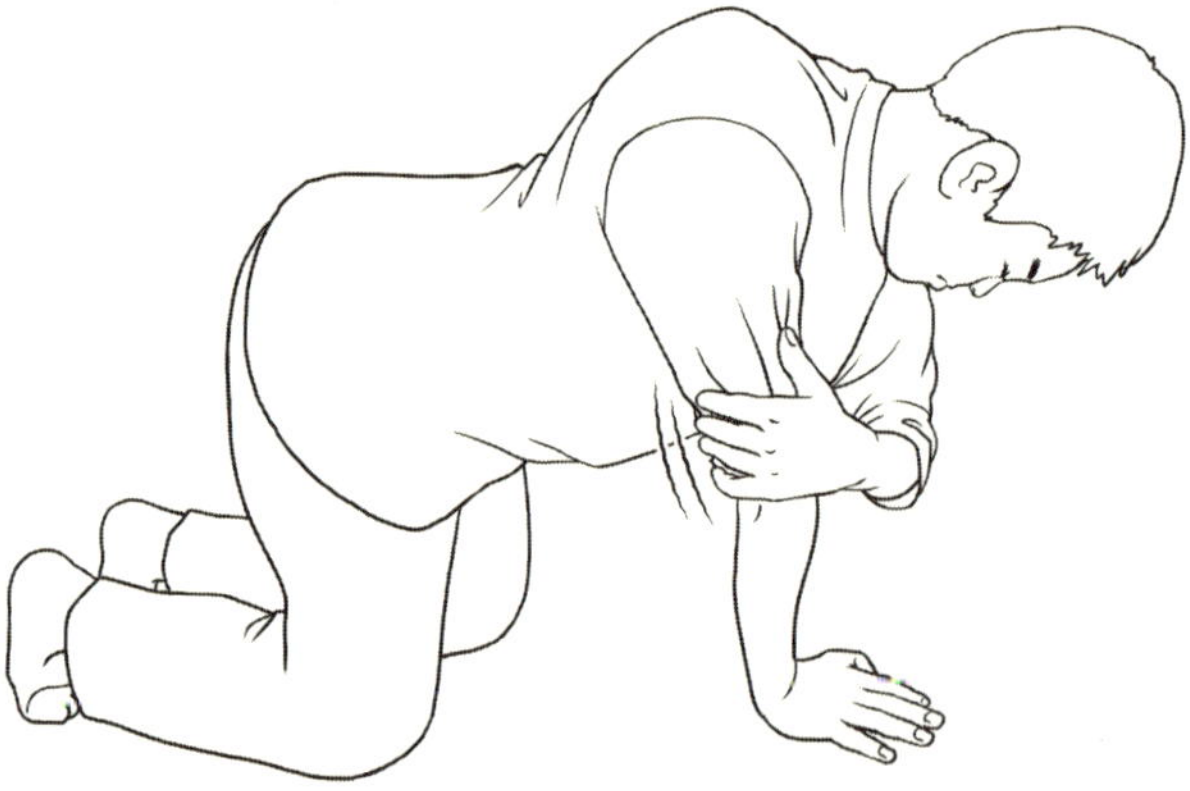

地芯に乗って四足の体勢をとり、左腕を支持から外して右腕だけを支持し、右肩甲骨のみを立甲（右片立甲）させ、「肘抜き擦法」を使って、右腕～右肩甲を一本の棒のイメージで体重を支える。これを「右甲腕一致」と言う。

情を込めてつぶやきながら、肘の内側をさすります（10回）。実際に行ってみればわかりますが、これは心底、「頼むよ」と言いたい気持ちになってくるものです。

長年の生活習慣によって、脳の中で、肘の外側を力ませて「拘束外側」で頑張ってしまうプログラムができあがっているので、本当に心の底から頼み込む必要があります。

この「拘束外側」支持は、上半身の力みの根本なので非常に根深いものがあり、どうしてもここで頑張ろうとしてしまうのです。

野球のバッティングでも、ピッチングでも、水泳のプルでも、ボクシングのパンチでも、柔道のつかみ合いでも、ゴルフでも、肘の力みがきれいにスコーンと抜けて内側のラインが通らないと、立甲もできないし、バックスイングもきれいにとれないし、ゴルフで言えば、クラブヘッドの質量とこれにかかる重力を上手に使えなくなってしまいます。

それゆえに、この「肘抜き擦法」はアスリートのみなさんに、ぜひともマスターしてもらわないと困ります。

この「肘抜き擦法」を繰り返しながら、右腕から右肩甲骨を一本の棒のイメージで体重を支えます。この状態を「右甲腕一致」と言います。

このときの肋骨の位置と角度は、支えている右腕に対して、左側に肋骨が垂れ下がる状態になるのが正しいポジションです。

ただし、このとき左の方に全体が回ってしまうと、肋骨から右肩関節までが一緒に引っ張られてしまいます。これは正しいポジションとは言い難いので、こうならないように気をつけてください。

全体が回ってしまうのは、右腕の内側を通っているはずの支持線が、きれいに通って立ち上がらず効いていないからです。

この支持線がなくなると、全体の位置も左の方に曲がっていき、上から見ると、身体が左に向かって「くの字」に曲がっていってしまいます。

より多くの競技に適応する「甲腕一致」

ここで、「甲腕一致」と「ゼロポジション」の違いを検証しておきましょう。

右腕を右斜め上方に上げて、ゼロポジションになってみます。**（39ページのイラストを参照）**

こうしてみると、整形外科の概念のゼロポジションとは、甲腕一致の一形態、ひとつの代表的パターンだということがよくわかります。

ゼロポジションは、腕の角度が130～150度くらいの間で、真横からは30度程度の範囲に限定され、これを超えると、ゼロポジションがとれなくなるとされています。

すでに説明した通り、**ゼロポジションは上腕骨＝腕の軸と、肩甲骨の中心である肩甲棘が一直線になった状態のこと**です。

これが一直線になるのは、前記の範囲に限られると一般的には言われています。

ところが、立甲が深く立ち上がるようになって、甲腕一致ができるようになると、もう少し広い範囲でゼロポジションがとれるようになってきます。

立甲が深まれば、腕の軸（上腕骨）と肩甲骨が一緒に動くようになり、その動く範囲が広くなるので、ゼロポジションがとれる範囲が広がるというわけです。

また、ゴルフなどは、絶対にゼロポジションはとれないところにインパクトがある種目ですが、こうした腕使いでも、立甲、甲腕一致ができてくると、ゼロポジションからはみ出た範囲まで腕を使ったとしても、ゼロポジションと近似した効果が得られることがわかっています。

こうした事実から、**より普遍的な広く使える概念という点では、ゼロポジションより、むしろ甲腕一致であるべきだと私は考えています。**

そして、その甲腕一致の代表例が、ゼロポジションであると考えた方がいいでしょう。

ゴルフだけでなく、スポーツのさまざまな場面では、ゼロポジションをはるかに超えたところでも、高度な腕使いができなければならないわけですから。

野球のピッチングのように、ゼロポジションに適した、ある意味非常に恵まれた動作であれば、全体の中の主な部分、全体の局面の中のかなりのパーセントをゼロポジションで行うことができますが、そうした運動はレアです。実際、ピッチングの最初の後下方へのテイクバックは、ゼロポジションとはかけ離れたポジションです。

したがって、ゼロポジションに代わって一般化し、肩甲骨と腕の関係を高度化して、より合理的に使う幅広い概念が必要で、それには甲腕一致がピッタリなのです。

ワーク 09 左甲腕一致

今度は左側の甲腕一致です。**「右甲腕一致」の体勢から、左腕を元の位置に戻し、右腕の支持を外します。代わって左腕だけで支持し、「左片立甲」から「左甲腕一致」になるようにしてください。**

ここでも同じように、「肘抜き擦法」を使います。左肘を中心に腕の外側をさすりながら、「こっちじゃないよ、こっちじゃないよ」「抜けるように、抜けるように」と声に出してつぶやきます。肘の内側も、「こっちだよ、こっちだよ」「通るように、通るように」「頼むよ、頼むよ」と言いながら行うことを忘れずに。

大事なコツは、この「肘抜き擦法」、さすり動作を本当に心を込めて行うことです。

じつは「さすり」そのものも、人によって能力に大きな差があるものなのです。元々、さすりがとてもうまい人もいて、天才的なさすりができる人も中にはいます。一方、さすりが粗雑で下手な人は、効果が薄いさすりしかできません……。

ゆえに、さすり自体に大きな伸び代があることを自覚し、よく心を込めて、効くようにさすってください。

その1回ごとのさすりがどれだけ効くかが、肘抜きの実力を高めることに直結し、最終的には甲腕一致にもつながって、肩甲骨の活かし方に左右してくるわけですから、おろそかにせず真剣に取り組むことが重要です。

ワーク10 両甲腕一致

ここではワーク8、ワーク9で得た甲腕一致の感覚を大切にし、ワーク7で行った「四足両立甲」を再びとり、「両甲腕一致」になるようにします。

つまり優れた「四足両立甲」のための、よりよい基礎トレーニングとして「片立甲」を役立てるということです。

その意味では、「片立甲」の方が、「四足両立甲」よりもベーシックとも言えるでしょう。

一方、「片立甲」の問題はワーク8でも触れたように、肋骨が反対側に回り、落ちすぎて、支えている腕の内側支持線が崩れ、肘が外側に屈曲し、拘束外側支持線が復活。その結果、肩甲骨が寝てしまい、上から見たときの体幹全体が、「くの字」に崩れてしまいやすいところにあります。

こうした体幹の崩れは、「四足両立甲」では起きにくいものです。片や「片立甲」に入ると、この崩れが起きやすくなるので、この点は十分気をつけながらトレーニングを行うようにしてください。

したがって、「片立甲」が全体として容易なワークとは言えないのです。**これらのことを正しく押さえて、注意深く「片立甲」を行うことで、じつは「四足両立甲」のいい基礎トレーニングになるわけです。これは大事なことなので、ぜひとも覚えておいてください。**

実際のスポーツシーンでの腕使いは、右腕と左腕でそれぞれ別々に動かしている方が多いはずです。右腕と左腕がまったく同じ動きをするのは、水泳のバタフライや平泳ぎ、サッカーのスローインなど、比較的限られた種目にしかありません。

スポーツの現場、スポーツの実際の動きにつなげるという意味でも、「片立甲」は大事なのです。

それに対し、「四足両立甲」は、四足動物の静止立位状態です。四足動物が何もしないで、静かに立っている状態、それがもっとも基本的なポジションです。この体勢で、上手な両立甲ができて、いい甲腕一致ができるようになると、いよいよ〝本物〟と言える段階に入ってきます。

ワーク11 ワーク08〜10を数セット

さあ、正しい立甲を学ぶワークもこれで最後です。

ここでは、ワーク8の「右甲腕一致」、ワーク9の「左甲腕一致」、そして、それらを生かして「四足両立甲」を行い、ワーク10の「両甲腕一致」という流れを数セット行いましょう。

毎回、必ず「右甲腕一致」から行う必要はなく、右から左、そして「両甲腕一致」と行ったら、ときどきは左・右と順番を変えて、「両甲腕一致」までを取り組むようにしてみてください。今日は右から始めたら、明日は左から、その翌日はまた右から、という具合で行うのがいいでしょう。

これらのトレーニングを行うときは、「右甲腕一致」「左甲腕一致」「両甲腕一致」を十分研究しながら行うことが大切です。

野球の打者であれば、バッティングについて研究しない人はいないはずです。ゴルファーであれば、ゴルフのスイングについて、必ずあれこれと研究を重ねるものです。同じように、この立甲や甲腕一致についても、自分でいろいろ観察、研究しながら行うことが大事なのです。

それによって、すっかり閉ざされている四足動物時代のメカニズム、脳の使い方、脳機能、DNAを復活させることが可能になると考えてください。

立甲のための事後ワーク

立甲のトレーニングのビフォー・アフターを比較するために、ワークに入る前に行った「事前ワーク」と同じ動作種目を同じ回数だけ行って、トレーニング前後の動作感覚の確認、動作観察を行ってみましょう。

もう一度「事前ワーク」の項をよく読み直してから、一つひとつの動作を丁寧に行ってみてください。

動作感覚とは、自分が実際に動いているとき、動作をどう生み出しているか、そして、その動作がどんな感じかという感覚のことです。

その感覚を自分自身で観察していきます。

この観察は、もうひとりの自分がいて、客観的に観察することが大事です。それとは別に、**動作も観察**してください。わかりやすいのは、外側からの観察です。鏡を見ながら行ったり、仲間がいれば一緒にトレーニングをして、その仲間から「こうなっているよ」「ああなっているよ」と、フィードバックをもらうのもいいでしょう。同時に仲間の動きも見て観察するのもいい勉強になります。

というわけで、**動作感覚は自分の内側のことなので、その感覚をもうひとりの自分がいて観察することがとても肝心です。**

この能力が高くなることも、上達のための課題にしてください。**じつは優れた選手、どんどん実力を上げていく選手の共通項は、この能力が育っていくことにあります。**この能力が高くなっていく選手ほど、優れた選手、やがては偉大な選手になっていくのです。

10代後半で世界の大舞台で活躍するような、フィギュアスケートや水泳、卓球などの選手は、インタビューをされても、じつに大人びた心のポジションをもっているはずです。それは、自分自身というものに対して、内部的な自分の感覚すら対象化する能力が育っているため、堂々とした、ある種の風格を身につけているからです。

彼らのように10代から世界で活躍する選手は、よく天才と評されますが、天才は偶然出現するのではなく、天才的であるためのきちんとしたメカニズムが存在するのです。そのメカニズムは、自分自身の運動動作の内部的な感覚すらも対象化して、もうひとりの自分がそれを客観的に観察していることです。

この観察結果は、きちんと本人の記憶に残りますし、場合によっては練習記録、日記などにも残すことができるわけです。そのことについてコーチや監督とも語り合うこともできますし、コーチはコーチで外側から見たことを観察して伝えてくれるので、そのことと自分で観察した動作感覚を、きちんと並べて関係づけることが可能なのです。

日夜こうしたことを鍛えているから、インタビューを受けたときにも、本当に大人びたポジションで受け答えができるような印象を与えるのです。

みなさんは、こうしたことも大事にしながら、立甲のトレーニングに取り組んでみてください。そして、常に何事も焦らずに粘り強く行うことが大切です。

第3章

「立甲」でパワーアップする

「立甲でパワーアップ」するための事前準備

立甲＋「肩甲骨から動かす」操作感覚

典型的な立甲の姿を一言で表すと、四足状態で肘関節が脱力・伸展し、肩甲骨が立った状態ということになります。

しかし、四足状態のままでは、スポーツにまったく活用できません。人間が野生動物のままであれば、まさにそのまま使うことができたわけですが、人間は立位で活動する道を選んだので、四足が前提では立甲を活かせないわけです。

というわけで、立甲は四足状態に限ったものでなく、じつはとても多様に展開することが必要であり、実際、それは可能なのです。

この第3章では、それが次々にあきらかになるように構成してみました。とくに第二段以降は、「これも立甲なのか」「あれも立甲なのか」と驚くほど、立甲のさまざまな姿があらわになってきます。

それを科学的な解析で次々にあきらかにしていくのも面白いのですが、スポーツの現場にいる読者のみなさんにとっては、それは少し遠回りに感じるかもしれません。

そこで、本章では立甲をどんどん活用できるように、すぐに役立つ方法を提示して、そのことによって新たな立甲の姿を次々に理解できる手法をとってみました。

とくに第二段、第三段がそういう内容になっていますので、楽しみにしていてください。

しかし、物事には順序があります。

順を追って説明していきますが、基本的に目指していくのは、**立甲そのものが上手になってくると、特段のメソッドを使わなくても、肩甲骨から腕を動かすことを心がけながら、さまざまなスポーツ種目の専門的な動作を行っていくことで、立甲を活かせるようになる**ことだと覚えておいてください。

つまり、立甲ができ、あとは専門種目の動きの中で、「肩甲骨から動かすんだ」という操作感覚をもてば、立甲の効いたパワーアップ、スケールアップした動きができるようになるのです。これは非常にわかりやすく、合理的ではありませんか？

こうしたことを、もっとも基本になる第一段に据えてみました。「第一段でそこまで行けば、第二段以降はいらないのでは？」と思われるかもしれませんが、じつはそこから先の話があるのです。

すべてに役に立つ基礎トレーニング

じつは、立甲に関しても身体や脳のセンスがあります。脳のセンスについては、直立二足歩行になったにもかかわらず、四足動物時代の脳を色濃く残し、その部分のスイッチが入っている人は、脳のセンスがある人と言えます。

身体のセンスは、肩甲骨と背骨の間の筋肉、菱形筋や肩甲挙筋、肩甲骨と肋骨の間の肩甲下筋などの筋肉の脱力がうまい人、あるいはその部分の筋肉が柔らかい人、もしくはその部分の筋肉が普通の人よりもほどよく長い人などは、身体のセンスがある人です。

長い筋肉と言うと、先に説明した通り、肩甲骨と背骨の間の筋肉は四足動物から人間に進化するにあたって、長さが足りなくなってしまった部分です。人間の背中は四足動物と違って、肋骨の背中側が横方向に伸びてしまったので、相対的にこの部分の筋肉が短いのです。ゆえに、これらの筋肉が生まれつき長い人は、身体のセンスに恵まれていると言えます。ただし、長過ぎても望ましくありません。

このように、脳のセンス、身体のセンスに恵まれている人は、立甲とはどういうものかを理解しただけで、かなりの程度、体現できてしまうことがあります。

これまで私は1000人以上に立甲を指導してきましたが、その中の数人は、指導した初日に、完璧と言えるレベルの70~80パーセントまで到達することができました。

しかし、これはかなりレアなケースで、ほとんどの人はそうではありません。そうではない人が立甲をものにするにはどうしたらいいのか？

それは**何と言っても本書の第2章で説明した「立甲の正確な方法」に取り組んでもらうこと**です。科学的にも非常に考え抜かれたメソッドなので、そこで紹介したさまざまな方法が、みなさんのスポーツにおけるパフォーマンスを根本から高めるアイディアで満ちています。

たとえば、四足の状態で片方の手を支持から外し、その手でもう片方の手の肘関節の外側をさする「肘抜き擦法」などは、それ自体がスポーツに大変役立ちます。あの「肘抜き擦法」によってできる「肘抜き」というパフォーマンスは、いままでのスポーツ科学やスポーツに関するトレーニング理論では、まったく注目されていませんでした。そのため、世界でもまったくと言っていいほど知られておらず、これまでは選手個人のセンスにすべて委ねられてきたのです。

そうしたことが、あの「肘抜き擦法」を行うことで、誰でもどんどん身につけられるので、まずは徹底的に取り組んでみてください。

それでも、肩甲骨と背骨の間の筋肉が短い人や固い人や、どうしても肘の外側に力が入ってしまって、うまく脱力できないという人もいるでしょう。むしろ、そうした人たちの方が多いぐらいです。

その人たちのことを考えて、ここではストレッチや身体調整法、マッサージ法、さらには動的ストレッチなどを紹介し、フォローできるよう考えています。

ここで紹介するメソッドは、必ず他のことにも役に立つ基礎トレーニングになっていますので、面白がって取り組んでみてください。

それでは本題に入っていきましょう。

「立甲でパワーアップ」第一段

～体幹を強化して肩甲骨から腕を動かす～

世界の頂きに立つ選手たちの共通項

立甲が使えるようになると、必ずパワーアップします。

パワーアップと聞くと、「筋肉を鍛えて太くしないと、パワーアップしないのでは？」と考えがちですが、この考え方は半分が正解で、半分は大間違いです。

かつてメジャーで大活躍していた頃のイチローや、サッカーのアルゼンチン代表のリオネル・メッシ、体操の内村航平など、世界の頂点に立ったアスリートたちは、よく見ると身体はそれほど大きくありません。身体が小さい、つまり筋量が少ないわけです。にもかかわらず、彼らはそれぞれの分野で、圧倒的に世界ナンバーワンのパフォーマンスを体現してきたではありませんか？

なぜ、そのようなことが可能なのか？　それは、彼らに及ばなかった選手たちが使うことのできない筋肉を使えたからです。

その代表が、じつは肩甲骨周りの筋肉なのです。それを使えるようにする条件、方法こそが立甲であり、甲腕一致なのです。

そのポイントは、肩甲骨から腕を動かすこと。

普通の人は、肩甲骨からではなく肩先から腕を動かしているので、肩から先の筋肉からしか出力は生まれません。そのため、パワーが限られてしまうのです。

それに対し、肩甲骨から腕を動かすと、肋骨という広い面積、大きな体積がある部分、さらにはその中心を通る非常に長い背骨についている筋肉を、次々に動員できます。

それらを動員したうえで、なおかつ肩周りの筋肉を使って、さらに肘から先の筋肉も…と加えていくことで、より強大なパワー、より速いスピードが得られるようになるのです。

「あっ、そうか。それがパワーアップなんだな」と、おわかりになっていただけたことでしょう。

そうなのです。このように立甲が使えるようになってくると、必ずパワーアップするのです。

これは従来の筋トレによって、一つひとつの筋肉を太く強くしていく発想とは、まったく異なるパワーアップです。

そういう意味で、**イチローやメッシのように身体が小さいにもかかわらず強いアスリートがもっている秘密を、立甲のトレーニングで誰もが手に入れられる時代が来たのです。**

その立甲をすぐに役立てるためのメソッドを紹介していきましょう。

「立甲でパワーアップ」第一段Ⅰ

～ゆるストレッチで身体をほぐす～

ローテーターカフを傷めずに伸ばす

最初は「ゆるストレッチ」です。ゆるストレッチとは、身体をゆるめて解きほぐしながらストレッチする方法です。

「ストレッチとは、そもそも身体をゆるめたり、解きほぐすものなのでは？」と疑問に思う方もいるでしょう。たしかに従来のストレッチにも、ある程度はそのような効果もあります。

しかし、ゆるストレッチは、一般的なストレッチよりも、もっと身体を科学的に深くゆるめ、解きほぐす方法として開発したものです。

その中で、**本書で紹介するのは次のふたつのゆるストレッチです。**

ひとつは「肩甲脊椎広緩法《けんこうせきついこうかんほう》」。略称を「肩脊広緩法《けんせきこうかんほう》」と言います。

もうひとつは「肩甲脊椎狭解法《けんこうせきついきょうかいほう》」。こちらの略称は「肩脊狭解法《けんせききょうかいほう》」です。

どちらも、さらに略すと「肩脊法」となりますが、スポーツの現場では、「肩脊法の広げるヤツ（＝肩脊広緩法）」と「肩脊法の狭《せば》めるヤツ（＝肩脊狭解法）」などと呼んで区別してもいいでしょう。
どちらの「肩脊法」も立位で、地球の中心＝美しいシルバーの地芯上空6000キロに立っているイメージ＝地芯に乗って立つ、で行います。

「肩脊広緩法」は、肩甲骨と背骨の間の筋肉をゆるめて伸ばし、広げていく方法です。

身近な肩周りのストレッチに、腕を胸の前で十字に組んで、肩や背中の筋肉を伸ばしていく方法（クロスボディアームストレッチ）がありますが、「肩脊広緩法」は、それを肩甲骨と背骨の間を広げて、立甲に役立てるように改良した方法です。

なぜなら、あの方法では、肩甲骨と背骨の間はあまりストレッチされないからです。伸ばされるのは、主に肩周りの筋肉です。肩周りの筋肉のストレッチはもちろん必要ですが、効果は限定的です。にもかかわらず、過剰に行うと肩周りの筋肉を伸ばし過ぎるリスクがあるのです。

もう少し細かく言えば、あのストレッチを安易にやり過ぎると、肩周りのたくさんの大切な筋繊維を切ってしまう可能性があります。

本書で何度も登場してくるローテーターカフですが、あのストレッチは、まさにそのローテーターカフを傷めてしまう危険があるのです。ローテーターカフは肩甲下筋、棘上《きょくじょう》筋《きん》、棘下筋《きょくかきん》、小円筋の総称ですが、この4つの筋肉は意外にデリケートです。ゆえに、それを守るためにも立甲、そして甲腕一致で腕を動かすことが肝心なのです。

そういう意味で、甲腕一致の役割は、上肢に負荷のかかる運動をするときに、ローテーターカフにできるだけ負担をかけないこととも言えます。

これは、野球界でかなり浸透してきているゼロポジション、本書でもすでに解説済みですが、そのゼロポジションは甲腕一致のひとつの典型的な状態で、ローテーターカフにもっともストレスを与えないポジションとして注目を集めているわけです。

こうしたことから、先のクロスボディアームストレッチの類を安易にやり過ぎることは、ローテーターカフを傷める危険が増すことになってしまうので、お気をつけください。

1「肩脊広緩法」

では、ローテーターカフを傷めずに、肩甲骨と背骨の間の筋肉をゆるめ伸ばし広げるにはどうすればいいのか?

その解決策が、「肩脊広緩法」です。

まず肩甲骨と背骨の間を解きほぐすようにモゾモゾ動かし、さらに肩甲骨と背骨の間を広げたり縮めたりしてゆるめます。そして、背骨と胸骨を通る一枚のXY平面(正中面)をイメージします。肘抜き(肘関節を脱力伸展)した左上腕の下から右手首で左上腕の下から外側を巻くようにしながら右手先で左肩関節をつかみ、正中面から背骨と胸骨がずれないように注意してゆっくり息を吐きながら、左肩甲骨と背骨の間が柔らかく広がるように、右手首で左上腕を左肩ごと右方向へ引きます。

このとき、左肩関節が屈曲するように右手で左腕だけを引くことはNGです。必ず肩関

節と一体となって、左腕が動くように引くこと。これが立甲→甲腕一致の形成につながります。

そして、左肩と左腕を一体にしたまま、上体の力をさらに抜くように息を吐きながら、上体を右側に20度ほどゆっくり傾けていきます。そのとき左肩が少しだけ前に出るようにしましょう。

実際に、こうして左甲腕一致の状態で右に上体を傾けることができると、背骨と左の肩甲骨の間が伸ばされ広がっていく感じがよくわかるはずです。ダラ〜ッと力を抜いて、10秒ほどその感じを味わってみてください。

このようにして左の肩甲骨と背骨の間をストレッチしたら、両手を腰の位置に垂らして、ゆっくり柔らかく、肩甲骨から背中の上部を少しモゾモゾとなじませるように動かします。

右の肩甲骨と背骨の間も同じように行いましょう。

さあ、どうなったでしょう？　肩甲骨をさまざまな方向に動かして味わってください。

あきらかに肩甲骨がよく動くようになったことを実感できるのではないでしょうか？

同時に背骨と肩甲骨の間が広くなって、柔らかくなって、筋肉がフワフワワッとなって厚みが増したように感じられるでしょう。

■ゆるストレッチ１　肩甲脊椎広緩法（肩脊広緩法）

①

②

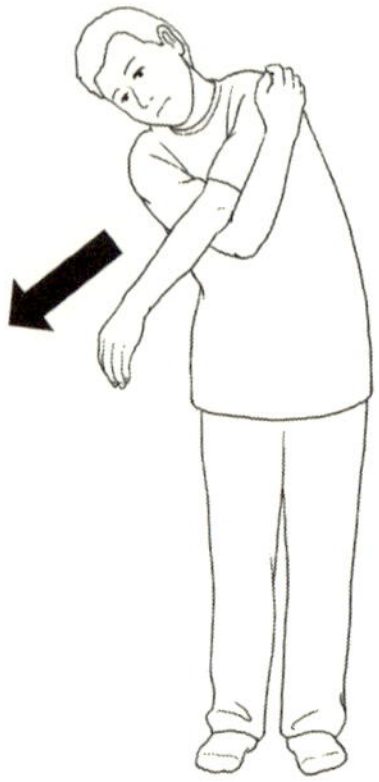

③

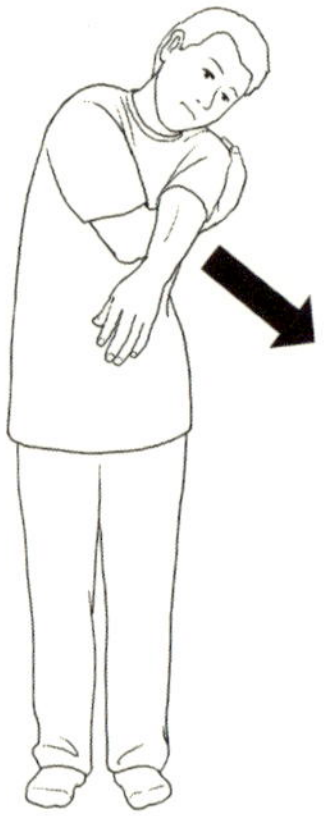

NG

①地芯に乗って立ち、XY 平面（正中面）をイメージしながら、右手首で左上腕を巻くように右手先で左肩関節をつかむ。正中面から背骨と胸骨がずれないように注意してゆっくり息を吐きながら、左肩甲骨と背骨の間が柔らかく広がるように、右手で左上腕を左肩ごと右方向へ引く。
②上体を右側に 20 度ほど傾け、そのとき左肩が少しだけ前に出るようにする。10 秒ほどその感じを味わったら、元の姿勢に戻り、肩甲骨から背中の上部をなじませるように小さくモゾモゾする。
③反対側にも 20 度ほど傾け、同様に行う。左右を交替して行う。

さらに、肩甲骨と肋骨の間を感じやすくなっているはずです。肩甲骨と肋骨の間には、肩甲下筋という筋肉があり、肩甲骨と肋骨はダイレクトに接しているわけではありません。その肩甲下筋が柔らかく、可動性を増すと、肩甲骨は肋骨から浮いた感じ、あるいは肩甲骨と肋骨の間にフワフワッとしたクッション材があるような感覚を味わえるはずです。

その状態が肩甲骨の健全な状態、活動しやすい、ゆるんだ状態です。

ここで第2章で紹介した、立甲のための四足のポジションをぜひ試してみてください。すると、「肩脊広緩法」のストレッチがうまくいっている分だけ、必ず立甲もやりやすくなっていることが実感できるはずです。

2 「肩脊狭解法」

次は「肩脊狭解法」です。

手を背中の後ろで握り、後ろにグーッと引っ張るストレッチ（ビハインドバック・クラスプストレッチ）も、非常にメジャーなストレッチでありますが、これも問題があります。どこが問題かというと、胸椎の11番から腰椎の3番までの〝自由脊椎〟を思い切り前に突き出すようにして、肩を引くからです。自由脊椎を前に突き出し、そこから身体前面の肋骨の下部を開いていく運動は、スポーツの高度なパフォーマンスを求めている人には、残念ながら何の役にも立たないストレッチです。むしろ、やらない方がいいと言ってもかまいません。

では、どうすればいいのか？　**要は自由脊椎を前に突き出さず、肩甲骨を後方に向かって肋骨からはがすように動かし、両肩甲骨の間をあまり狭めすぎないストレッチを行ってほしいのです。**

それが、「肩脊狭解法」です。

まずは、自由脊椎が絶対に反らないように、まっすぐに確保します。つまり、第1章でも記した通り、この自由脊椎周りの胴体を「格定」するというわけです。このストレッチの目的のために、正確に固めておいてください。

その状態のまま両手を前から後ろにプラーンと振って、背中側で左の手首を右手でパッとつかみます。

そして、両方の肩から肩甲骨、背骨から腕にかけて、モゾモゾと細かく解きほぐれるように動かし、なだめすかすように両方の肩関節を後ろに引きます。両肩甲骨が肋骨からはがれて浮くように、さらにモゾモゾ動かしながら、左右の肩甲骨の間を少しずつ狭くしていきます。あまり狭くしすぎないように、さらに肩甲骨を肋骨からはがすようにしていきましょう。

これが「肩脊狭解法」の特徴です。

方向で言えば、肩甲骨を後方へ向かって肋骨からはがすように動かします。このとき、肘関節は力を抜く必要はありますが、無理して伸ばさなくてもかまいません。

■ゆるストレッチ２　肩甲脊椎狭解法（肩脊狭解法）

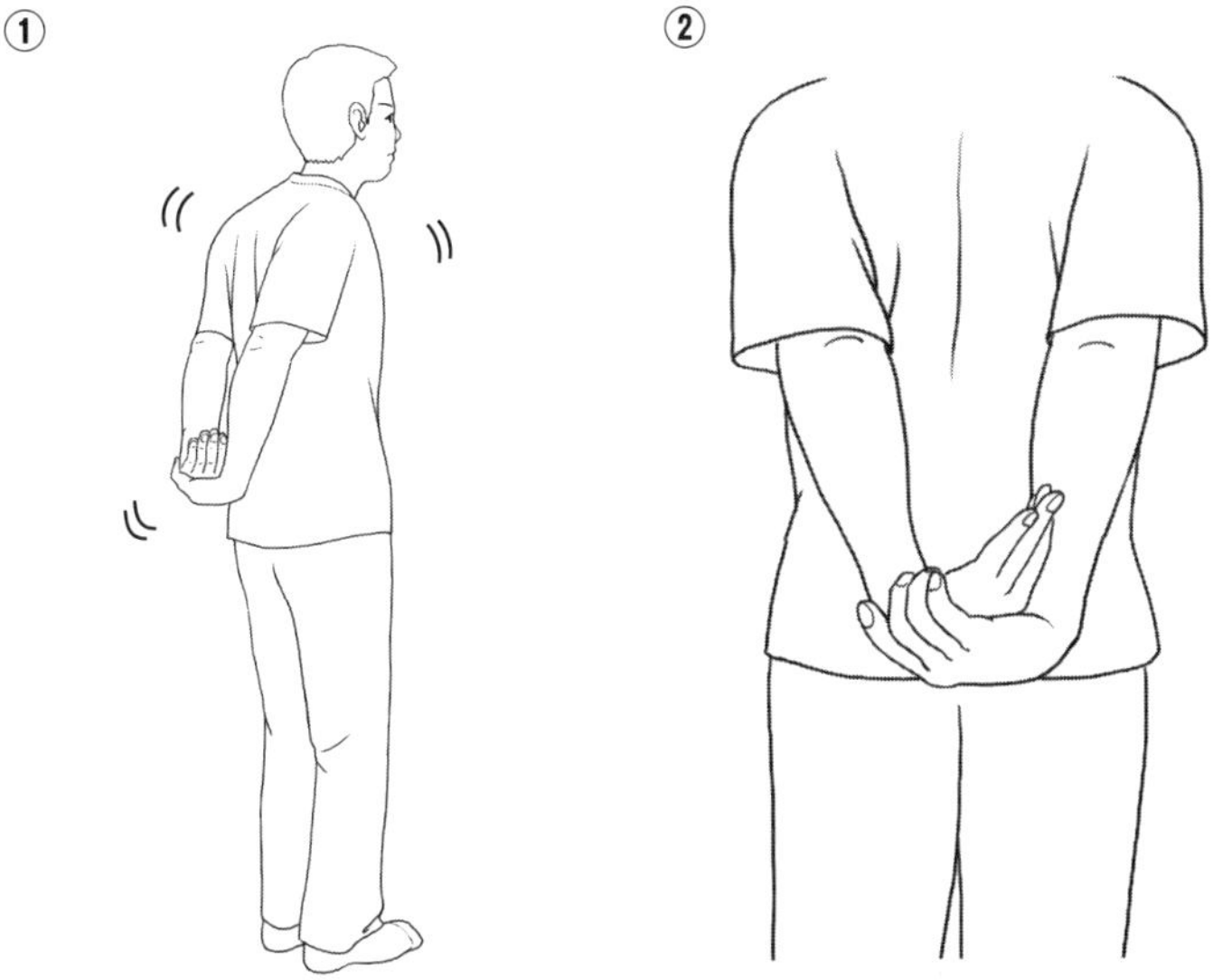

地芯に乗って立ち、肩、肩甲骨、背骨、腕をモゾモゾ解きほぐしながら、肩関節と肩甲骨（肋骨からはがすように）を後ろに引く。さらに、肩甲骨を肋骨からはがしながら、左右の肩甲骨の幅を少しずつ狭めていく。

NG

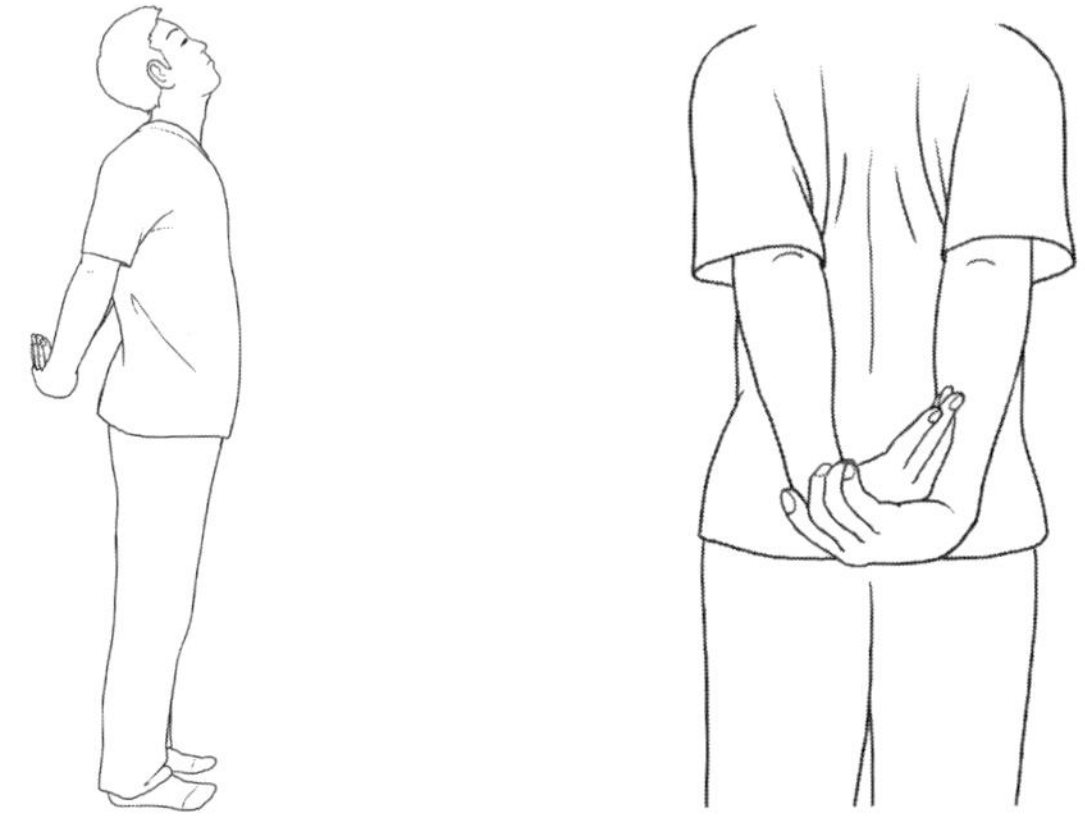

腰を反ってしまったり、肩甲骨を肋骨にへばりつかせたまま肩甲骨の幅を狭め過ぎてしまってはNG。

一般的なビハインドバック・クラスプストレッチなどでは、必ず肘関節を伸ばせと指示されますが、「肩脊狭解法」では、自分ができるところまでで十分です。もちろん、将来上達した段階で肘を脱力伸展できることは目標となりますが、**初心者の段階で「伸ばすんだ！」と思うと、必ず『自由脊椎反り』が起きてしまうので、それは絶対にNGです。**「肩脊狭解法」は、他のストレッチとは目的がまったく違うのです。

ちなみに、この「肩脊狭解法」は左右の違いがそれほどないので、片側だけ行っても効果があります。

ここでとりあえず、その効果を感じてみてください。

どうでしょう？　先ほどの「肩脊広緩法」に比べると、パーッと肩甲骨が両側に伸びた感じは少ないかもしれませんが、肩甲骨が厚みを増してフワフワとして、肉感のようなものが感じられるのではないでしょうか？　同時に、肩甲骨が肋骨から離れ、その間もフワッとしながらニクニクするような感じが生まれたら、上手にできた証拠です。

これで肩甲骨が肋骨から後ろへ向かって動き、はがれた状態ができあがります。

体幹を〝正しく〟動かす

前述のように、立甲には四足状態以外にさまざまな形態があるのですが、「肩脊広緩法」と「肩脊狭解法」で得た、この状態もそれらの形態のひとつです。

詳しく言うと、ひとつは肩甲骨が立つように見えながら、どんどん前に回り込んでいく形態（肩脊広緩法の効果）。もうひとつは、腕が後ろに位置しながら、肩甲骨がどんどん肋骨から離れて、後ろ側に向かってはがれていく形態（肩脊狭解法の効果）です。

優れた身体の使い方として、腕を前に動かすときは、肩甲骨から動かすのがコツ。肩甲骨を前に向かって立てるようにしながら、肋骨の横に向かって、滑り込ませるように動かすわけです。

反対は、肩甲骨を後ろに向かってはがすようにしながら、さらに真後ろに向かってはがしたり、背骨に向かって狭めていきます。狭めるときも、必ずはがすようにしながら狭めていくのがポイントです。

肩甲骨をはがそうとしないで、ただ狭めてしまうと、腕を動かす肩甲骨の自由度がなくなり、さらに肋骨が肩甲骨にへばりつかれ、それに引きずられて乱れ動いてしまいます。

その結果、肋骨から体幹、そして軸が崩れていってしまうのです。

一方、肩甲骨を肋骨からはがすようにして、肩甲骨を狭めていくと、腕が十分に後方に来ているのに、まったく肋骨が乱れ動くことがありません。肋骨がまったく乱れ動いていないので、当然、体幹の崩れも軸の崩れも起きません。

体幹ごと動いた方がいい運動だという声を聞くこともあるでしょうが、**体幹が崩れ動いていることと、体幹が正しく動いていることはまったく別です。**このことを絶対に間違えないでください。

腕を大きく動かすのに、体幹、この場合は肋骨まで動かしてしまうと、このあと使える資源がなくなってしまいます。ところが、肋骨を動かさなくても、肩甲骨を後ろに向かって立甲しながら動かせば、肋骨をまったく動かさず、それをキープしたまま、それ以上の強い運動ができてしまうのです。

そしてさらに、「もっと強力な運動をしたい」と欲したときは当然、この運動にさらに正しい肋骨、さらには体幹全体の運動を加えることが可能になります。

したがって、ロケットで言えば、肩甲骨が肋骨から離れて動くことによって、ロケットの段数が一段増えたのと同じです。そこが大事で、身体についても、こうした見方をすることが必要なのです。

「立甲でパワーアップ」第一段Ⅱ

～肩甲骨をさすって達人の域へ～

1　肩甲さすり

「達人調整」とは、身体を達人化するための専門的なマッサージ方法です。これは二人一組になって行っていきます。

まず、受け手は床に寝てください。施し手は、受け手の肩甲骨に両手を乗せます。このとき、できれば〝肘抜き〟で行いましょう。そして、**地球の中心＝美しいシルバーの地芯上空6000キロに座っているイメージで、受け手の肩甲骨を前後に動かします。**

施し手も立甲のトレーニングを行っている仲間であれば、相手の肩甲骨を前後に動かす際、自分の手腕も肩甲骨から動かすつもりで行ってください。

地芯に乗る、肘抜きをする、肩甲骨から動かす。これらのことを意識しないで行うと、必ず肘を曲げて、腕から先だけで手を動かそうとしてしまいます。

そうなると、施し手の肩甲骨は肋骨にへばりつき、即座に動かなくなってしまうのです。これは前述しているように、肩甲骨が寝た状態です。「寝た」というのは、横たわるという意味だけでなく、スリープした状態という意味もあり、アクティブな状態ではなくなってしまうことも含まれています。

一方、きちんと肘を伸ばすと、自動的に肩甲骨を動かすしかなくなります。そうして積極的に肩甲骨から動かすようにさすってみてください。

肩甲骨を動かして、肘抜きをして、受け手の肩甲骨をさすってあげると、シンクロ現象が起こります。人間は同じ身体の構造と同じ脳をもっているので、二人で組んでいる場合、ひとりの人間の身体使いと脳の状態は、相手に伝わりやすいという性質があります。**これを「身体シンクロ」と言います。**

そのため、まったく同じように肩甲骨をさすり動かされているようでも、施し手が肘を曲げているのと伸ばしているのでは、まったくクオリティが違うのです。

肘抜きができた状態でさすられると、受

■達人調整法1　肩甲さすり

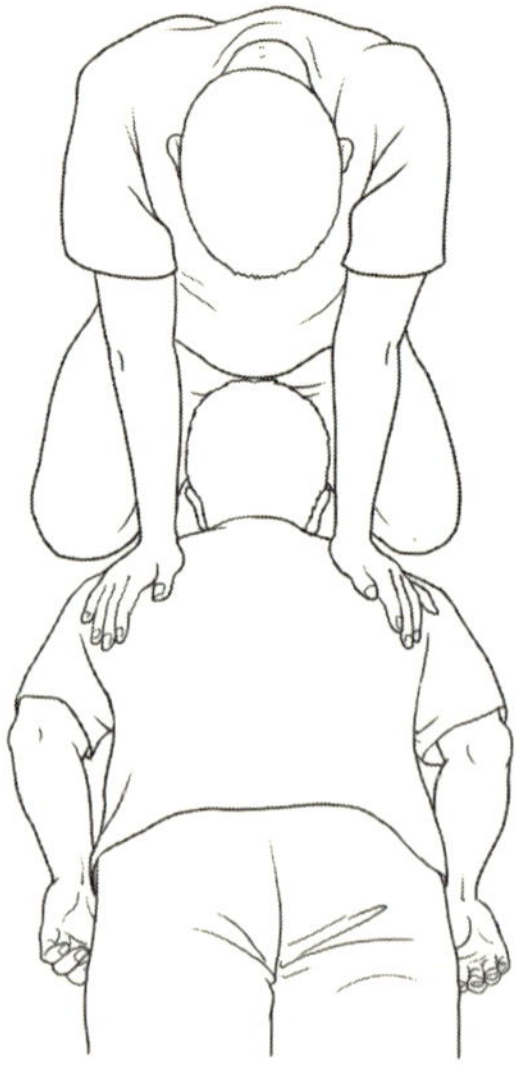

施し手は地芯に乗ってポジションをとり、受け手の肩甲骨に両手を乗せて、受け手の肩甲骨を前後に動かす。このとき、施し手は肘抜きを行う。受け手も地芯に乗って伏せるとよい。

け手は深く快適に肩甲骨が動かされる感じを受けるはずです。

というわけで、**施し手が肩甲骨から動いているという運動自体が、受け手の身体を通して脳に伝わるメカニズムがあるのです。じつは、達人調整法とは、こうした「身体シンクロ」の考え方から組み立てられている手法です。**

そういう意味では、ただ肩甲骨の表面をさすり、「さすれば、そこがゆるむだろう」という安直な考えではできていません。

そのため、立甲のトレーニング仲間同士で、この達人調整を行うときは、施し手側がさすっているだけでストレスを受けるという立場にいるのではなく、地芯に乗って肘抜きをして肩甲骨から動かすようにします。すると、施し手側もマッサージすること自体が立甲↓甲腕一致のいいトレーニング法になり、受け手側も寝ているだけでなく、脳が開発されていきます。

逆に、施し手側がただ相手に施すだけで、「つまらないな。早く交代してもらいたいな」とストレスを感じながらさするのは、最悪な状況です。そんな状況では、受け手側も大した効果を期待できませんし、施し手も行えば行うほど自分のパフォーマンスが落ちていってしまいます。

しかし、施し手が地芯に乗り、肘抜きをして、肩甲骨から動くようにすれば、マッサージを施している間に、施し手自身の立甲↓甲腕一致のパフォーマンスも上がっていき、それが必ず、施し手側の専門種目の競技力アップにつながります。

そのようにマッサージをしたあと、施し手と受け手が交代すれば、お互いにさらに効果が上がります。**つまり、二重三重にいい影響が生まれ、二人がトルネード状態で上昇していきます。**自分と相手の両方を同時に達人に高めていく方法だということです。

これが達人調整の考え方です。

2　肩甲ずらし

ふたつ目の達人調整は、肩甲ずらし。施し手は、丁寧に受け手の肩甲骨の大きさ、形を探ってから肩甲骨全体をつかむように、カパッととらえてください。そして、肩甲骨をずらしていきます。

これは施し手の肩甲骨が固まりやすいので、やや難易度の高い調整法です。

施し手は、自分の肩甲骨をほぐすつもり

■達人調整法2　肩甲ずらし

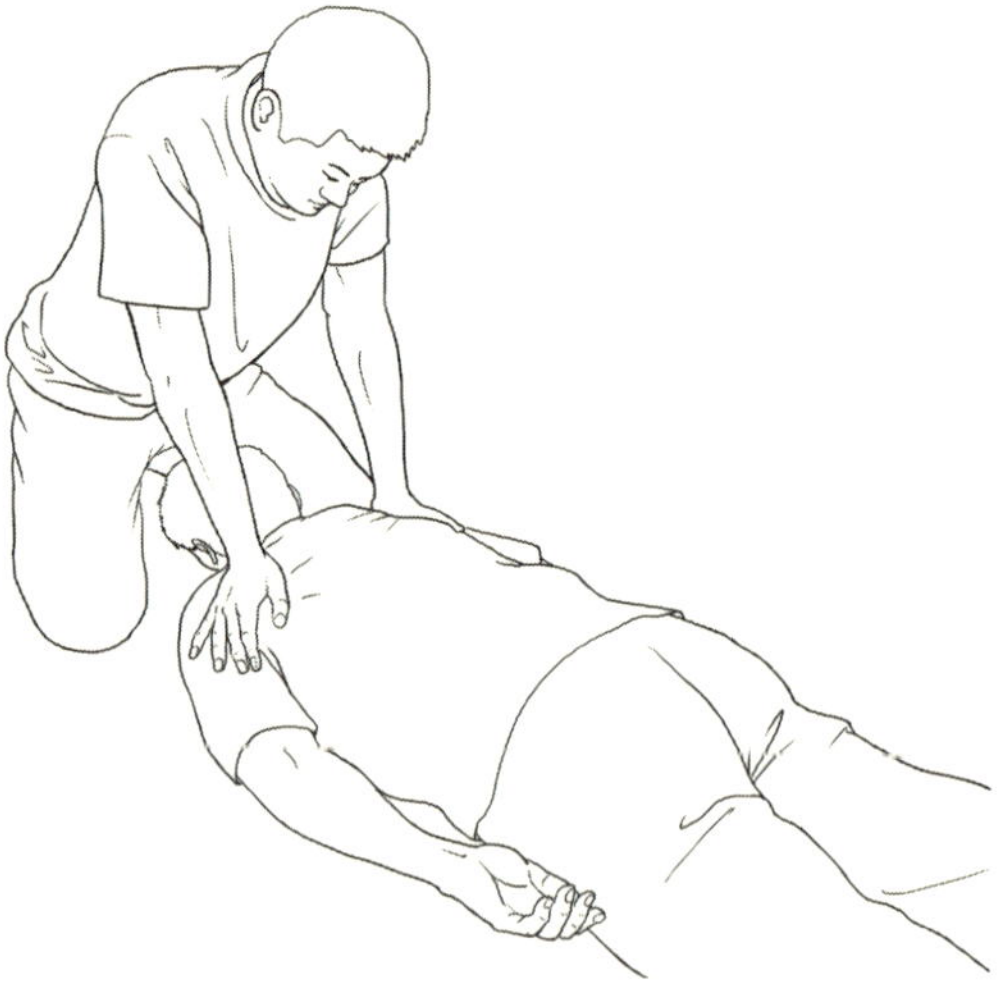

施し手は地芯に乗ってポジションをとり、受け手の肩甲骨全体をつかみ、自分の肩甲骨から腕を動かして受け手の肩甲骨をほぐしていく。受け手も地芯に乗って伏せるとよい。

で、肩甲骨から腕を動かし、相手の肩甲骨をほぐしてやることが大切です。

ここでも肘抜きは絶対に必要ですので、肩甲ずらしを行う前に、地芯に乗り四足状態になって「肘抜き擦法」をしておくと、非常に効率がよくなります。

これを左右ともに行って、施し手と受け手を交代し、お互いにマッサージしてください。

3　肩甲間さすり

肩甲骨と背骨の間、ちょうど菱形筋のあるところに左右の手を置き、腕を前後に動かしてほぐす方法です。前ふたつの方法と注意点は同じです。

これらの達人調整と、先ほど紹介した2種類の「ゆるストレッチ」を組み合わせていくと、非常に効果的です。

■達人調整法3　肩甲間さすり

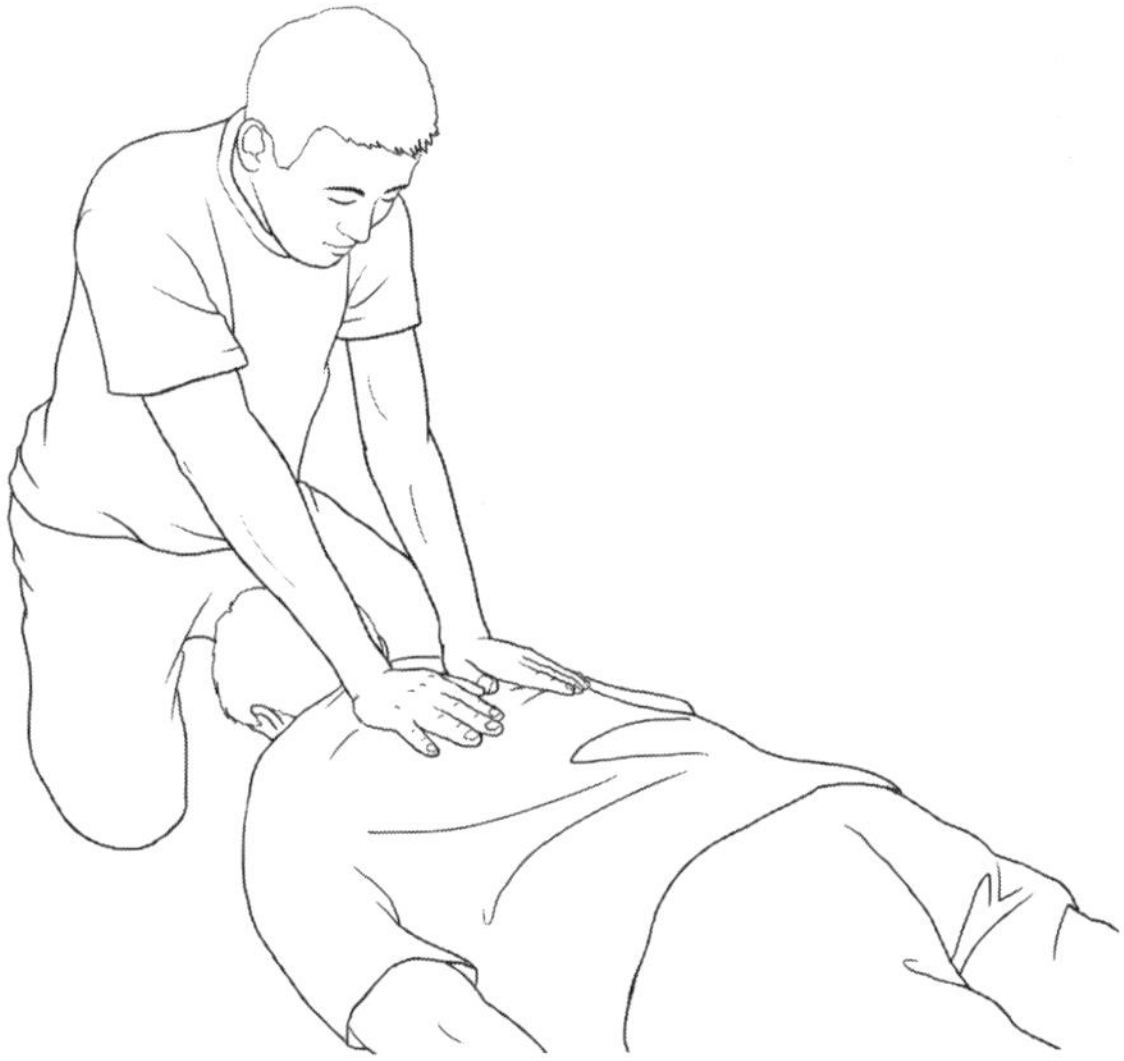

施し手は地芯に乗ってポジションをとり、受け手の肩甲骨の間の筋肉をほぐしていく。受け手も地芯に乗って伏せるとよい。

4　肩甲はがし

最後は「肩甲はがし」です。

受け手は体の右側を下にし、腕を後ろにもっていくようにして床に横寝します。そして、肩関節を肋骨よりも後ろにずらしながら、体重が楽に乗るようにします。

このとき、肩関節が後ろの背骨寄りに巻き込むように移動します。

その結果、肩甲骨と背骨の間が近くなり、しかも肩関節が後方に移動しているので、肩甲骨と肋骨の間に隙間ができやすくなります。

その隙間に施し手は両手の親指を突っ込んで、肩甲骨の内側の下の方から肩甲骨を肋骨から少しずつはがしていきます。

下側の方がはがれやすく、上の方がはがれにくいので、角度や場所をいろいろと変えて、指でほぐしながら押し込んだり、他の8本の指も使って肩甲骨をつかんでずらし動かしたり、工夫してみてください。そうして、はがれそうなところからはがしていきます。

はがしやすいのは下側なので、まずは下側を攻略し、はがれたところには指が深く入るので、そこへ深く指を入れ込み、くさびを打つような形にして、より上の方をさらにはがしていくという方法もあります。

肩甲骨と肋骨の間をほぐしてはがすというような経験は、こうした達人調整を経験しない限り、そうないはずです。ゆえに、この肩甲はがしを行ってもらうと、「ここに疲れや

■達人調整法4　肩甲はがし

①

②

③

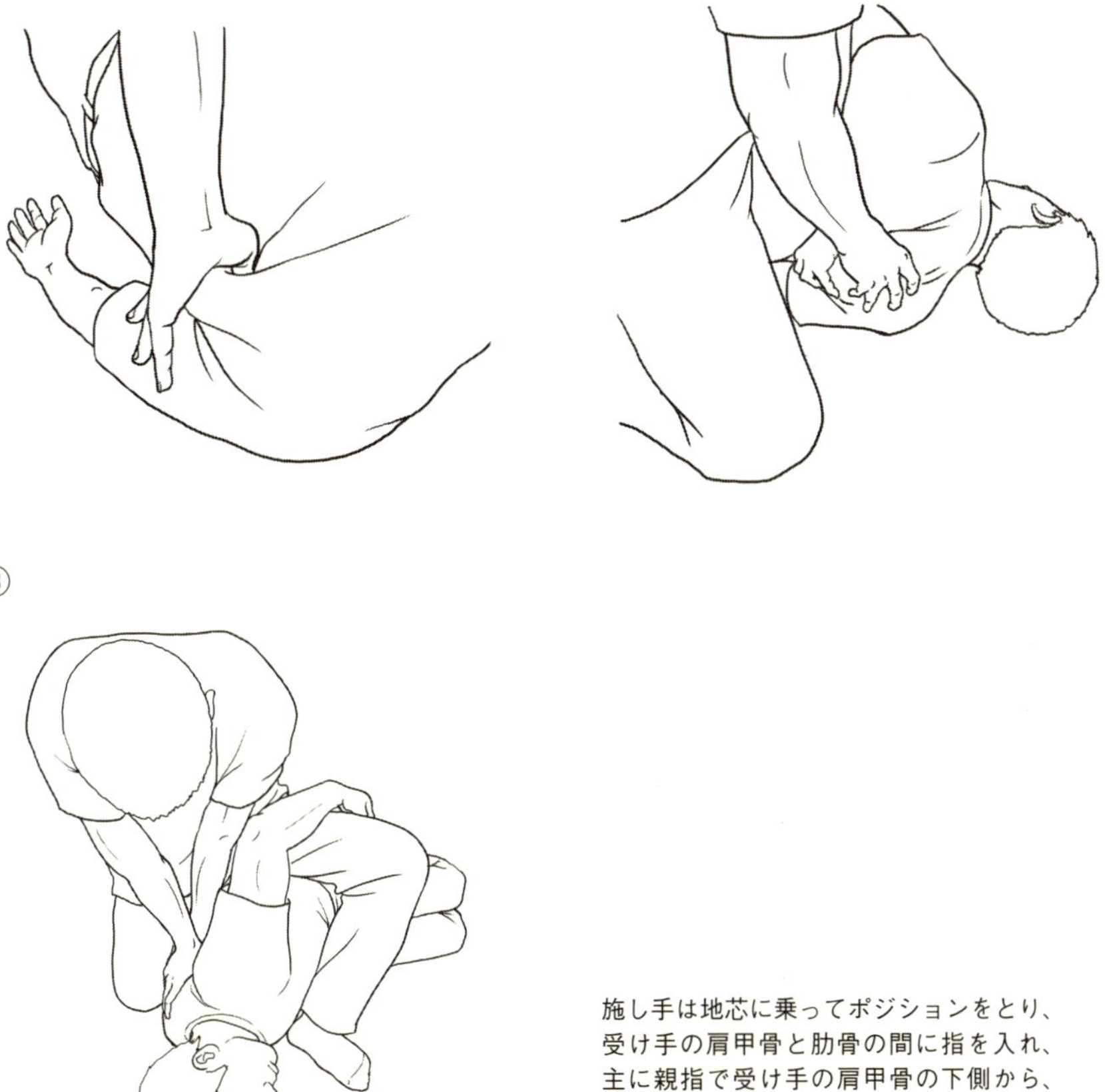

施し手は地芯に乗ってポジションをとり、受け手の肩甲骨と肋骨の間に指を入れ、主に親指で受け手の肩甲骨の下側から、肩甲骨を肋骨からはがしていく。下のほうがはがれやすく、上側ははがれにくいので角度や場所をさまざまに変えてみる。受け手も地芯に乗って伏せるとよい。

凝り固まりが、溜まっていたんだ……」ということを、身に染みて感じるものです。

試しに片側だけ肩甲はがしを施してもらったところで、立ち上がって、肩甲骨をモゾモゾと動かしてください。

肩甲はがしを行った肩甲骨と、まだ行っていない肩甲骨では、驚くほど動きが違うはずです。

同様に、四つん這いになって、立甲がどれくらい進んだかを確認してみましょう。これも大きな差が見られるはずです。さらに、立甲が進んでいる側だけで片手支持になって、ダラーンと肋骨を落としていき片立甲をします。今度は、反対の手の片手支持で片立甲をしてみましょう。肩甲はがしを行っていない側の肩甲骨は、行っている側に比べて、どうしても肩甲骨の内側が肋骨にへばりつかれているので、引きずられて下がってしまいます。

肩甲はがしを行った側は肋骨だけが垂れ下がり、そこにゆとりが生じます。そのゆとりがスカッと開いて気持ちよさにもつながっていきます。

このゆとりが、肩甲骨から腕を動かしていくときに、肩甲骨周りでたくさん使える筋肉の根本的なスペースになっていくのです。筋肉も周囲と隙間が開いていないところでは動けないので、この隙間＝スペースが重要なのです。

ここで、試しに軽くパンチを打ってみてもいいでしょう。肩甲はがしを行った側は、力を入れなくてもスーッと気持ちよく伸びていき、リーチも長くなって、自然と速く打てます。まさに肩甲骨から腕が伸びる感じですが、反対の手でパンチを打つと、伸びないうえに、スピードも遅い。しかも全身運動で、脚、腰、肩まで一所懸命に使っているのに、それがスピードにもパワーにもつながっていかない……。

一方、肩甲はがしを行った側は、肩甲骨から動いているので、腰から下半身にあきらかに余裕があります（この余裕がパンチと同時に行いたい、間合調節のフットワークや攻撃をかわす体捌きを可能とする）。これに比べ、反対の腕は、肩甲骨から動かないので、パンチに肩、腰、脚が引きずられて動いているように見えます。

本人の主観としては、全身運動をすることでパンチを加速させているつもりだったのに、じつは動かない肩甲骨につられて仕方なく動いていて、加速どころかブレーキ成分になっていたことに気づくはずです。

肩甲はがしを行わないと、フットワークや体捌きを同時に使って最適なポジションからパンチを放つなどということは、夢のまた夢になってしまうのです。

というわけで、肩甲骨が立甲化して肋骨の間に余裕ができ、それが駆動力を発揮するようになると、全身の多くの要素に大きな好影響を与えるのです。

「立甲でパワーアップ」第一段Ⅲ

～体幹トレーニングで土台作り～

体幹トレーニングも同時に行う

立甲と体幹の「格定」はセットでトレーニングしていきたいので、ここでは体幹を強化するためのトレーニング法に取り組んでいただきます。

体幹の前面、背面、側面とひと通りありますが、アスリートの読者で、普段から体幹トレーニングに精を出している人は、基本的に読み飛ばしていただいてかまいません。

しかし、基本的な体幹トレーニングを行ったことがない人は、次のメニューぐらいは行っておいた方がいいでしょう。そのメニューについては、筆者の『日本人が世界一になるためのサッカーゆるトレーニング55』（ＫＡＤＯＫＡＷＡ）を参照してください。

・ヘソ見腹筋
・バッククロスクランチ
・クロス腹筋
・ロール腕ブリッジ

「立甲でパワーアップ」第一段Ⅳ

〜肩甲骨を「振って」「回して」ほぐす〜

1　両腕前後振り

立甲動腕法とは、簡単に言えば肩甲骨周りをゆるゆるに解きほぐすように行う「振り」や「回し」運動のことです。

これから行うメソッドはすべて、自由脊椎周りを格定して、体幹が反ったり回ったりしないように、肩甲骨から動かしてください。

両腕前後振りの方法ですが、まず両腕を前後に、振り子が振れるように、肩甲骨から振り動かしてみましょう。**腕を後ろに振るときは、肩甲骨を肋骨からはがすように行います。前に振るときは、肩甲骨が立って肋骨の両サイドに滑り込むように動かします。**

これを短時間行っただけでも、肩甲骨がより後ろから前に動くようになるので、ピッチャーならば球威、球速が上がります。

■立甲動腕法１　両腕前後振り

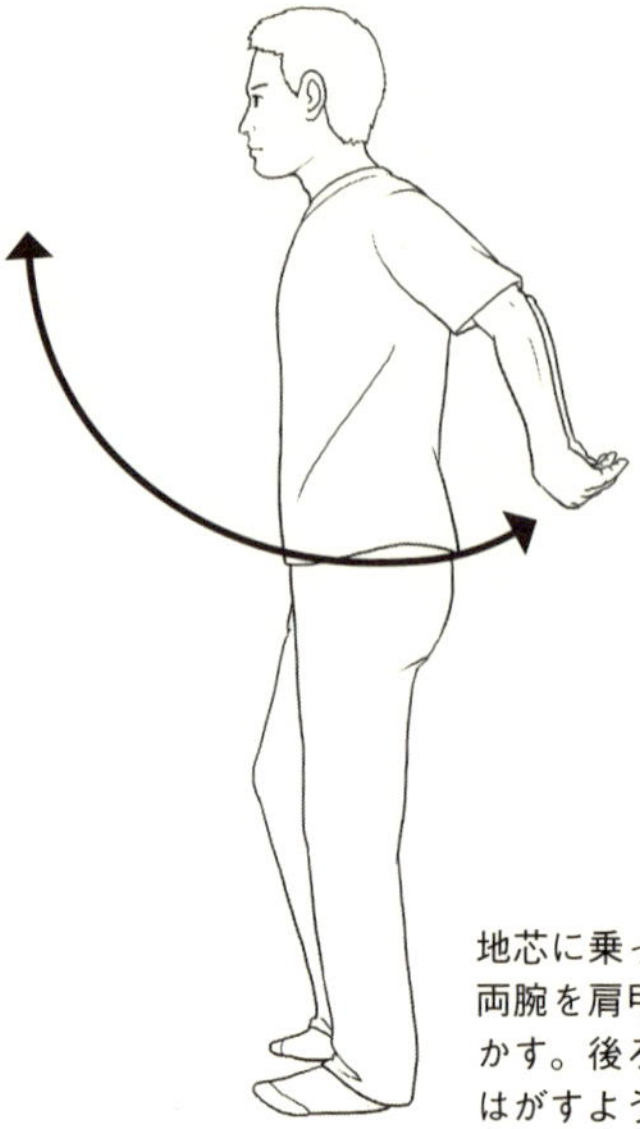

地芯に乗って立ち、肩甲骨周りをほぐしながら両腕を肩甲骨から前後に振り子のように振り動かす。後ろに腕を振るときは肩甲骨を肋骨からはがすようにする。

NG

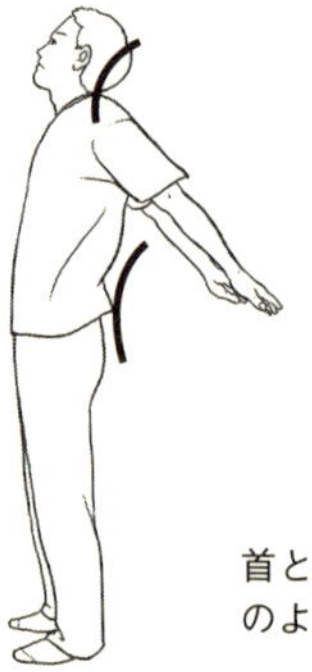

首と腰が反ってしまい、肘も伸びて腕を振り子のように動かせていない。

2 片腕前後振り

両腕前後振りと同じように、今度は片腕だけを振ってみます。片腕だけで行うことで、より詳しく観察することができます。当然、左右両方を行ってください。

■立甲動腕法２　片腕前後振り

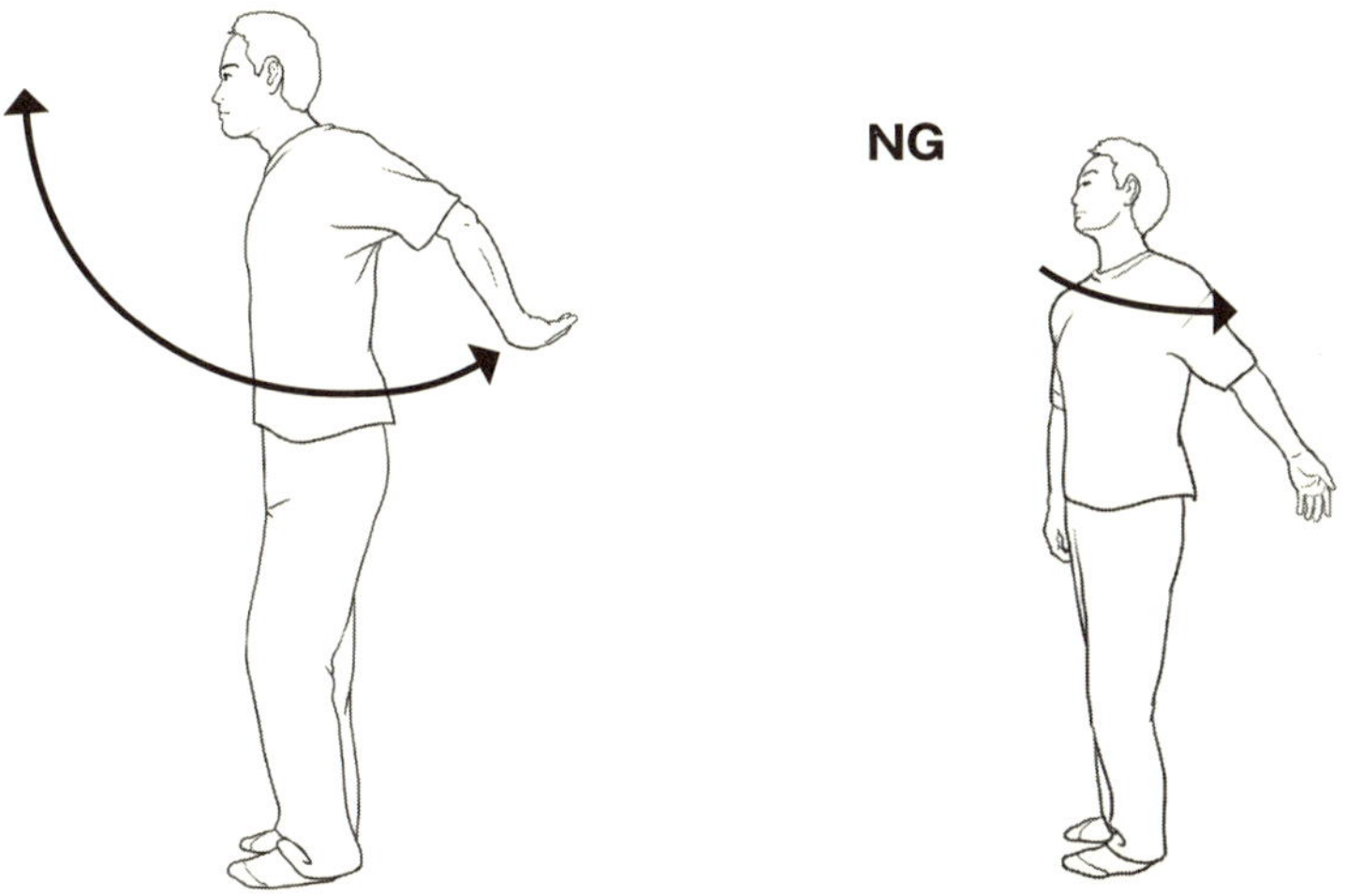

地芯に乗って立ち、片腕だけを肩甲骨周りをほぐしながら肩甲骨から腕を前後に振り子のように振り動かす。NG のように肩が開いて、体幹を回したり、胸が反ってはいけない。

3　交互前後振り

　ここでは、腕を左右交互に、前後に反対向きに振っていきます。

4　片腕前回し

　片腕を後↓前、後↓前と2回後前に振り子のように振って、そのあと前から後ろに振った流れで頭の横を通るように前回しを行います。この〝2回振って1回回す〟動作を1セットで行ってください。**必ず、肩甲骨でリードしながら回すのがコツ**です。そのために、前後振りをうまく使えるように行いましょう。

　数セット行ったら、もう片方の腕も同じように回します。

■立甲動腕法3　交互前後振り

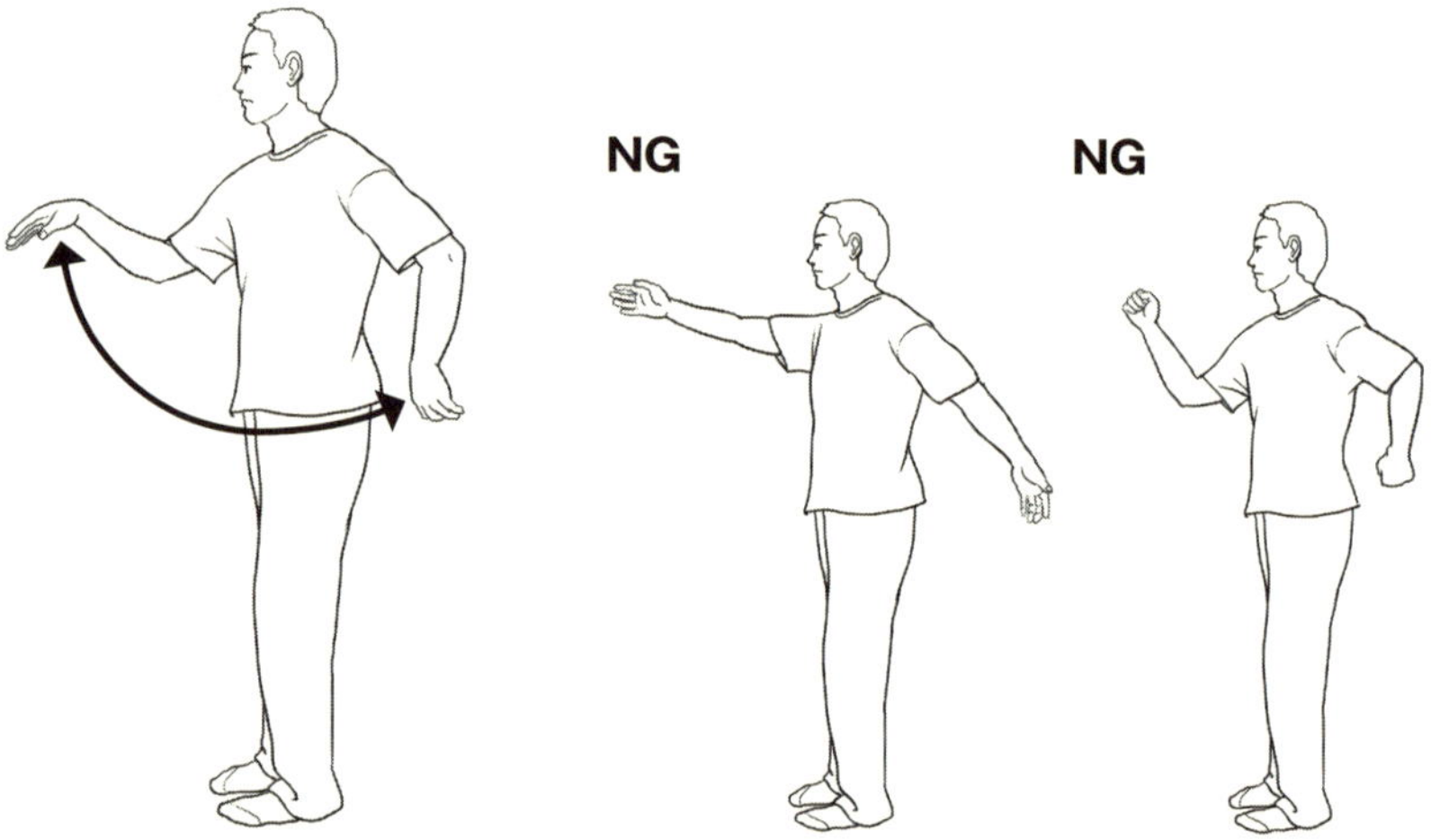

地芯に乗って立ち、腕を交互に、肩甲骨周りをほぐしながら肩甲骨から前後に動かす。肋骨から肩甲骨がはがれるよう、振り子のように振り動かす。肘を伸ばしたり、肘を固めて曲げてしまってはNG。

■立甲動腕法4　片腕前回し

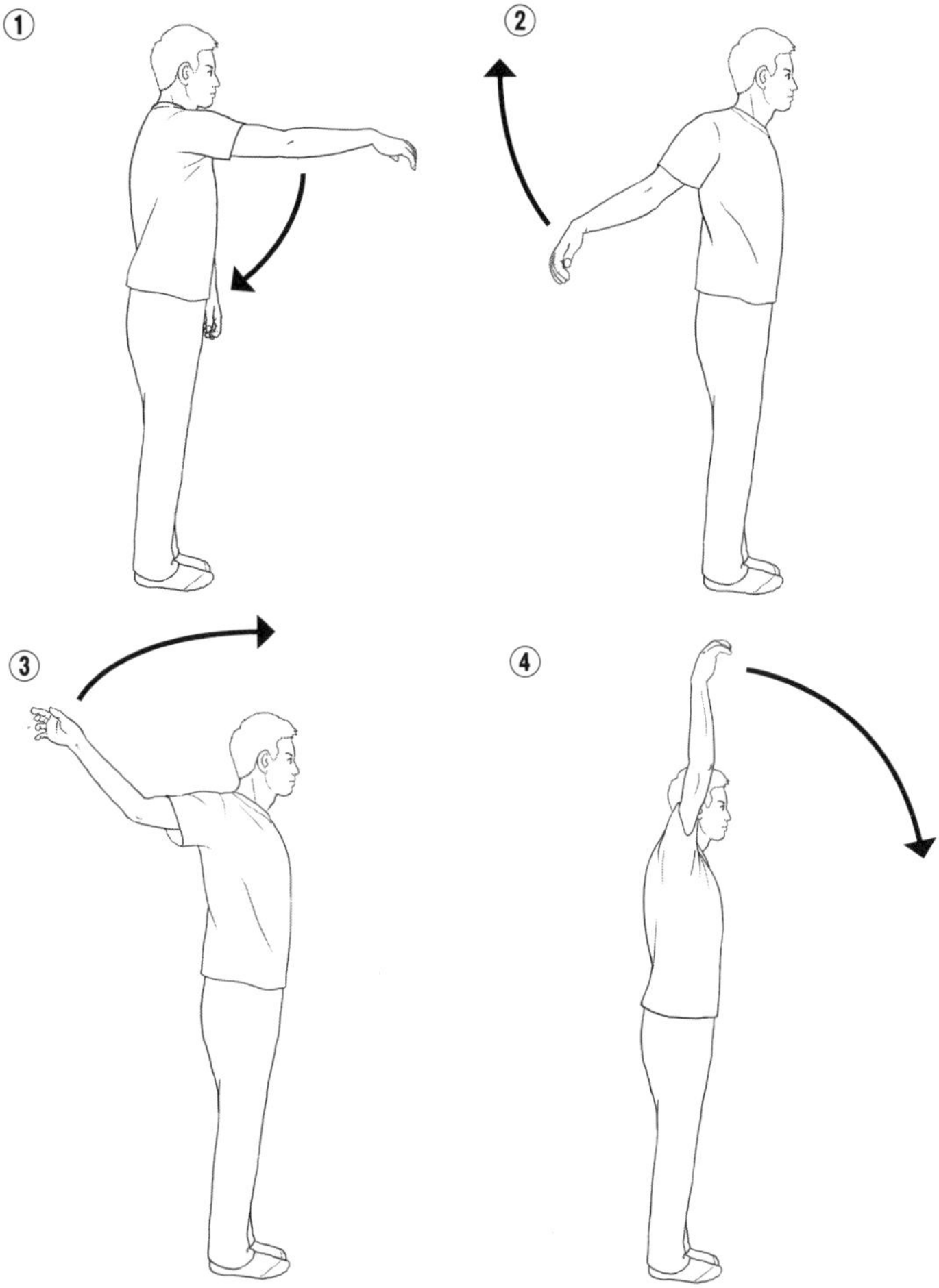

地芯に乗って立ち、片腕を後→前、後→前と2回後前に振り子のように振って、前から後ろに振った流れで頭の横を通るように前回しを行う。この一連の動きが1セット。すべて肩甲骨周りをほぐしながら肩甲骨から腕を回すこと。

5　両腕前回し

だんだん難易度が上がっていきます。今度は両手で後↓前、後↓前と2回前後に振って、そのあと後↓前回しを行います。肩甲骨から回すことを忘れずに。

6　両腕後ろ回し

両手で前↓後、前↓後、前↓後回し。**腕を回すときは身体を反らせずに、必ず体幹を格定したまま、肩甲骨から回してください。**

こうした腕振りの運動では、両手を振るときなどに体幹を格定しておいて、肩甲骨＝立甲の運動を行ったあと、わざと体幹の格定を外してみるのもいいでしょう。

体幹を動かして腕を振ったり回したりすることで、体幹の運動と立甲＝肩甲骨の運

■立甲動腕法５　両腕前回し

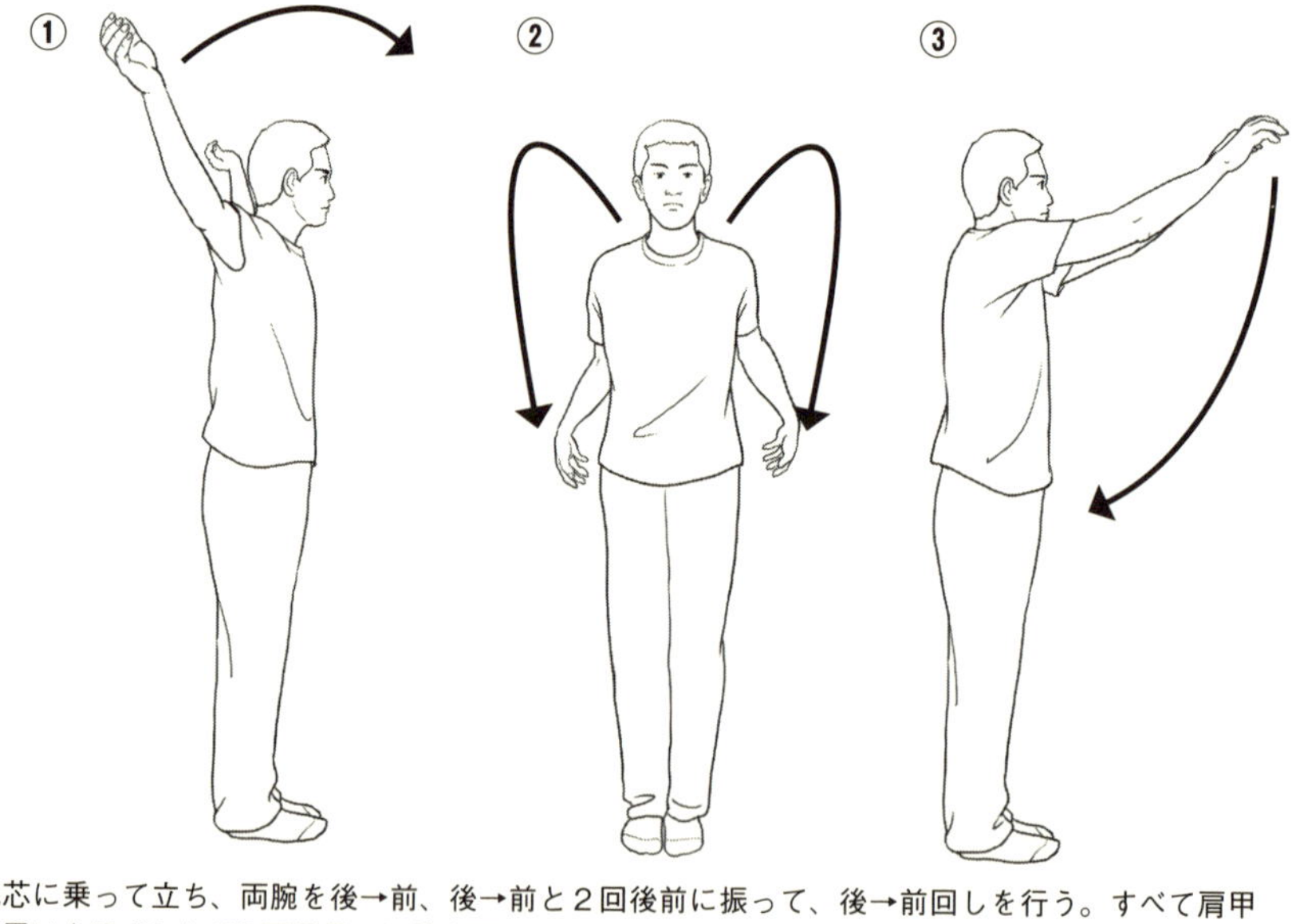

地芯に乗って立ち、両腕を後→前、後→前と２回後前に振って、後→前回しを行う。すべて肩甲骨周りをほぐしながら肩甲骨から腕を回すこと。

動、腕の運動をリンクさせて使うトレーニングになるからです。

こうした考え方も大切です。

ただし、**最初から体幹を動かしてしまうと、その分、肩甲骨が開発されなくなってしまうので、ここは正しく順を追ってトレーニングするようにしてください。**

そういう意味で、体幹を格定することは、肩甲骨の開発には極めて重要なのです。

したがって、最近、日本でも流行している体幹トレーニングをうまくリンクさせて使っていくのが賢い方法と言えるでしょう。

7 両腕横回し

肩甲骨を横に回すのは意外に難しいのですが、これも一応行ってみましょう。

肩甲骨から腕を横に回してみてください。

バスケットボールやバレーボール、ゴルフなど腕を横に使う種目はいくつもあります。

そうした種目では、このトレーニングが直接役に立ちますし、それ以外の競技でも、肩甲骨がどういう方向に動くかによって身体のバランスがとれたり、体幹や脚の移動運動のスタート時に肩甲骨が活躍するため、直接あまり使わないような競技の選手でも、このトレーニングは行っておいた方がいいでしょう。ただし、**肩甲骨からゆるゆるに解きほぐれるように、丁寧に工夫して行うことが大切です。**

ゴルフなどは、この運動と直結している種目なので、意識して上手に行えば肩甲骨の開発にとても役立ちます。

8　軸回し

体軸を中心に、腕を左右に振る運動です。

通常は、腰や胴体から回してしまいますが、そうすると肩甲骨の開発にはほとんど役立たないので気をつけてください。

ここでも体幹は格定させて、肩甲骨をゆるゆるに解きほぐしながら、丁寧に深く大きく回せるように工夫しましょう。

これもひと通り行ったあと、体幹の格定を解除して、あえて腰から回します。すると、どのタイミングで肩甲骨が入ってくるのかなどが実感できて勉強になります。

野球のバッティングやフィールディング（捕球・送球などの守備動作）、テニスや卓球でラケットを振る動作などで確認してみるのもいいでしょう。

■立甲動腕法８　軸回し

地芯に乗って立ち、体軸を中心に腕を左右に回し振る。腰や胴体から回さず、体幹を格定させて、肩甲骨周りをほぐしながら肩甲骨から腕を左右に回し振っていく。

NG

体幹が格定されず、肩や上半身、体幹が回っている。

「立甲でパワーアップ」第二段Ⅰ
〜深いテイクバックに利く「両手下内後立甲」〜

多くのスポーツ動作に利く

これはすごく面白いメソッドです。「後立甲《こうりっこう》」とは、**腕を身体の背面側で使う立甲です。**肩甲骨を後ろにはがしながら、手を背中側にもっていき、指先をくっつけます。その指先を尾骨の高さにもっていきます。

このとき、手のひらが後ろを向くようにしてください。**これは手の内旋動作になるので、両手下《りょうてした》「内《ない》」後立甲法《こうりっこうほう》という名前になります。**

そのまま手の高さを絶対に変えず、肩甲骨をモゾモゾ細かくほぐし動かしながら肋骨からはがすように、決して力まないで目いっぱい後方に動かしてみましょう。**ただし、絶対に手の高さを上げてはいけません。**

身体も反らしたりせず、手首も伸ばしたまま曲げずに体幹も格定させて行いましょう。

これは水泳のプル＝掻く動作に利きますし、野球のピッチングやテニスのサービス、バレーのジャンプ→スパイクで、腕を後下方にもっていく動作にも、バッチリ役立ちます。

腕とボール（またはラケット）の質量と重力を活かした深いテイクバックに、このメソッドは利くのです。野球のバッティングやゴルフのスイングにおけるダウンフォースにも利きます。その他の球技や格闘技でも役立つ技や局面がいくつもあります。

■後立甲と前立甲Ⅰ　両手下内後立甲

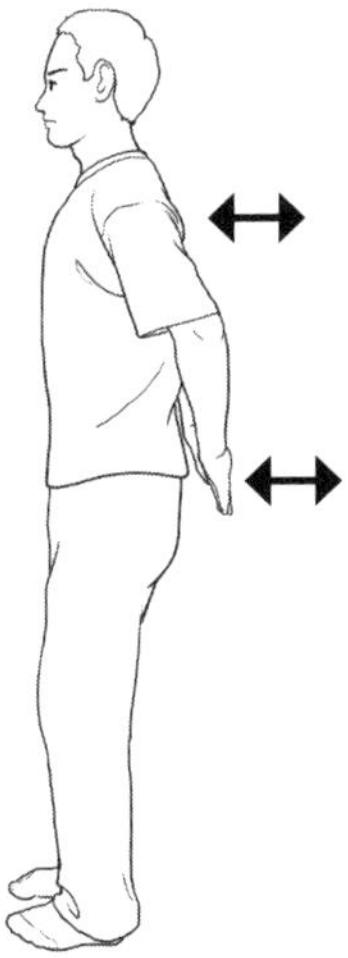

地芯に乗って立ち、肩甲骨をはがしながら手を背中に回し、指先をつける。指先は尾骨の高さにし、手のひらが後ろを向くようにする。そのまま手の高さを変えず、肩甲骨周りをほぐしながら肩甲骨を肋骨からはがすように後方に動かして戻す。体幹を格定し、体幹を力ませずに不動の状態をキープしながら行うこと。

「立甲でパワーアップ」第二段Ⅱ

～ゼロポジションが身につく「両手上内後立甲」～

肩甲骨を十分にはがす

今度は「上内後立甲《うえないこうりっこう》」なので、頭の上に手をもっていき、指先が触れ合うようにします。手のひらは前向きにしてください。これも手は内旋した状態です。力む、手の高さを下げる、体幹を反らせるのは絶対にNGです。

このとき、肩甲棘と上腕の角度は、ゼロポジションをとります。

この状態にしておいて、肩甲骨を後ろに向かってモゾモゾ細かくほぐし動かしながら、はがしていくのが「両手上内後立甲」です。なんと言っても、肩甲骨を肋骨からはがすのが立甲ですので、この動作を繰り返しながら、肩甲骨を十分にはがしていきましょう。

何度か行ったら、再度ピッチングやバッティングなどの動作を試みて、その違いを確認しておきます。バレーボールのアタックなども、動きがとても改善されますし、ゴルフのバックスイングなどにも効果てきめんです。その他多くの競技の中に、この方法が利く技や局面が含まれているので、いろいろと試してみてください。

■後立甲と前立甲Ⅱ　両手上内後立甲

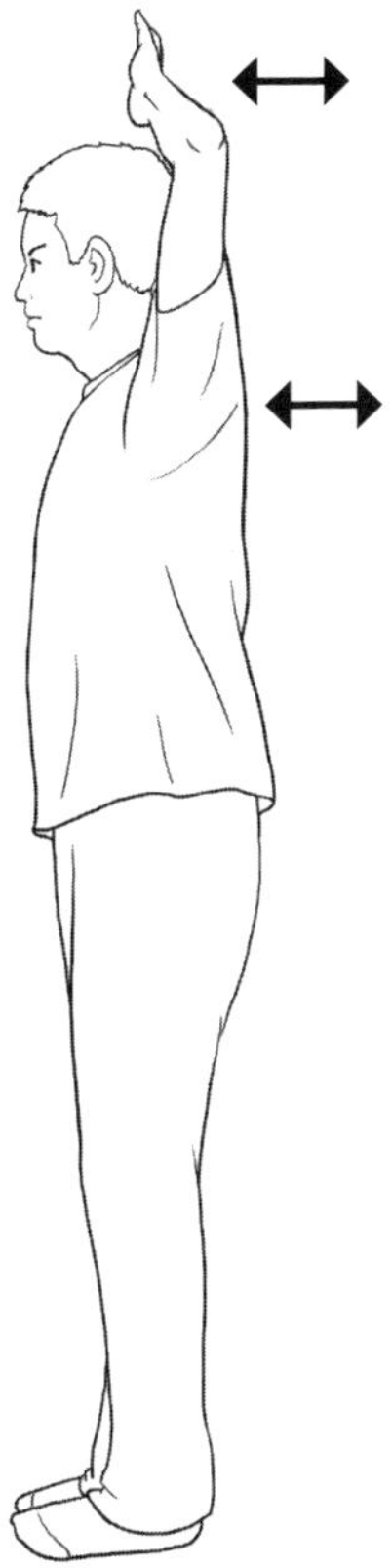

背面

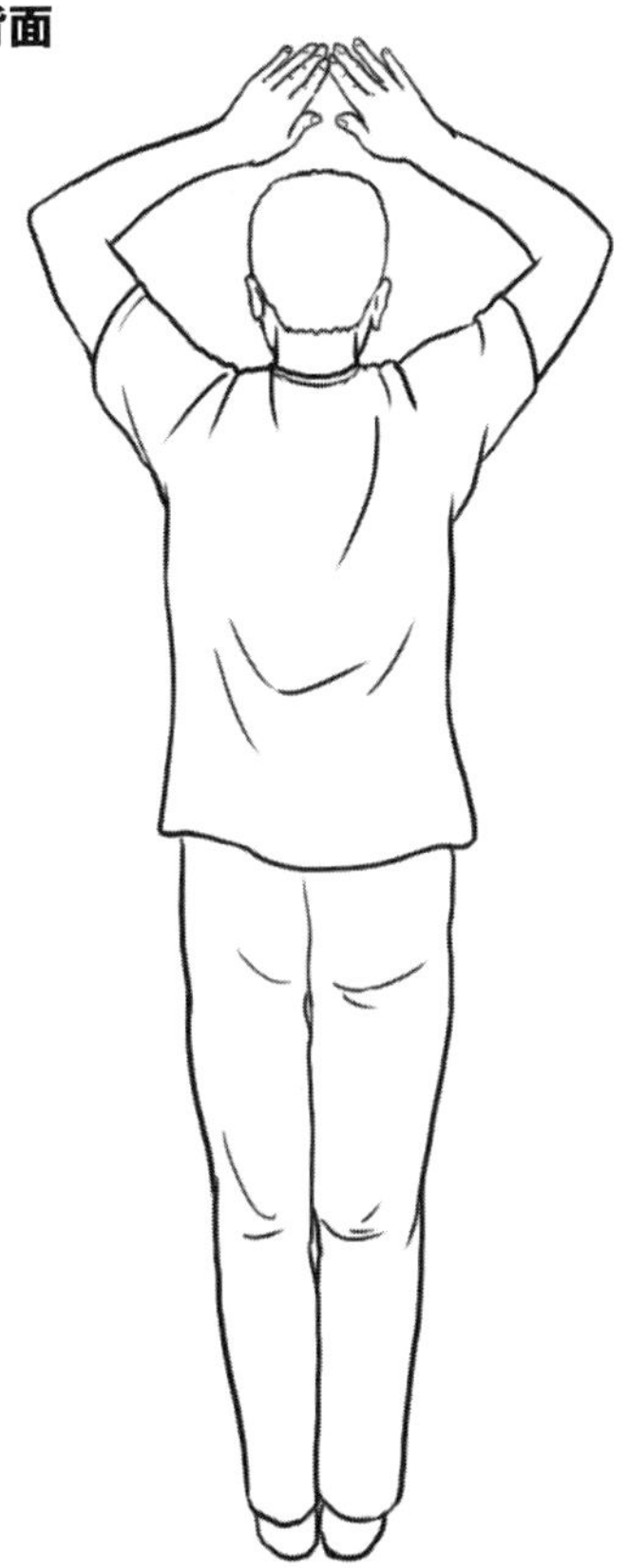

地芯に乗って立ち、頭の上に手をもっていき、指先が触れ合うようにする。手のひらは前向きにする。肩甲骨を後ろに向かってモゾモゾ細かくほぐしながら、肋骨からはがすように手、腕、肩甲骨を動かして戻す。体幹を決して反らさず格定し、体幹を力ませずに不動の状態をキープしながら行うこと。

「立甲でパワーアップ」第二段Ⅲ

～両手下内前立甲～

前側で行う立甲

これは後方ではなく、前側で行う立甲です。指先を股の前の高さで合わせて、肘を伸ばし、高さを変えずに肩甲骨周りをモゾモゾ細かく解きほぐし動かしながら、肩甲骨を前に運んで下げます。「もっと前に、もっと前に」と運んでいって下げます。**力む、手の高さを上げる、上体を前にかがめるのは絶対にNGです。**これを何度か繰り返します。

■後立甲と前立甲Ⅲ　両手下内前立甲

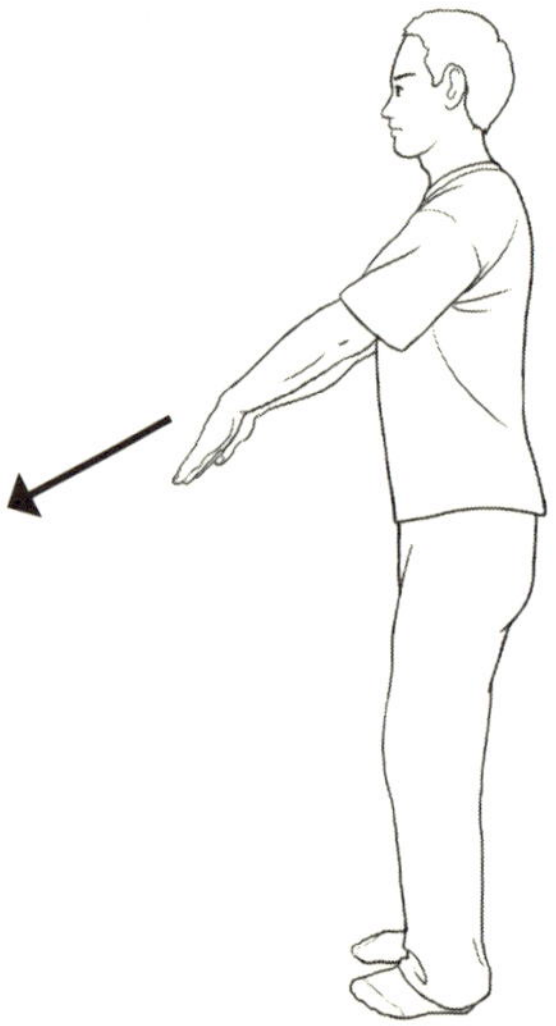

地芯に乗って立ち、肘を伸ばし、指先を股の高さで合わせる。そのまま高さを変えずに肩甲骨周りをほぐしながら、肩甲骨を前に運んで下げる。体幹を格定し、体幹を力ませずに不動の状態をキープしながら行うこと。

〜腕振りがよくなる「両手上内前立甲」〜

「力む」「手の高さを下げる」「上体を前傾する」はＮＧ

ラストは、両手上内前立甲です。再び、手を頭の上にもって来て、その手を下げないようにしながら、肩甲骨をモゾモゾ細かくほぐし動かしながら前に運んでいって戻す。前に運んでいって戻す。以上を数回繰り返します。**力む、手の高さを下げる、上体を前傾するのは絶対にＮＧです。**

これら４つの方法を合わせてトレーニングすると、基本的な腕振り運動が格段によくなります。

腕振りについての研究は、世界的にも非常に遅れているのが現状ですが、じつはものすごく重要な運動だと私は考えています。

たとえば、**歩く、あるいは走るために腕を振って、その手が後ろに来たとき、厳密に観察すると、ほとんどの人は肩が前に出てしまいます。これは、「内的運動量の一致」と言って、腕が後方へ向かっていったとき、腕自体の重心を中心に、その上下の物体が逆方向に動こうとするからです。**

しかし、そうなってしまうと、腕振りという運動が肩から腕までで完結してしまいます。そのため、腕振りの全身運動に与える影響が小さくなり、速く走ろうとして一所懸命に腕を振っても、走力へのプラスが減ってしまうケースが多く見られます。

実際、走りが専門の陸上選手でも、こうした腕振りになっている選手は少なくありません。

腕振りを脚の運びと直結させるには、肩甲骨から後ろに振れることが必要不可欠になってくるのです。

全盛期のウサイン・ボルトのように世界の頂点に立つランナーは、例外なく肩甲骨から動いて腕を後ろに振っていました。しかし、あのボルトも引退近くになると、だんだん肩甲骨から引けなくなっていましたが……。

■後立甲と前立甲Ⅳ　両手上内前立甲

地芯に乗って立ち、手を頭の上にもってきて、その手を下げないようにし、肩甲骨周りをほぐしながら、肩甲骨を前にすべらせるように手、腕、肩甲骨を運んで戻す。体幹を格定し、体幹を力ませずに不動の状態をキープしながら行うこと。

より具体的に言えば、4つのメソッドのうち、「上内後立甲」と「上内前立甲」は、水泳のプル動作やバレーボールのスパイク、テニス、バドミントン、野球の投げる動作、サッカーのスローインなどで立甲を使えるようにするための優れたトレーニング方法です。

また、「下内後立甲」と「下内前立甲」も大変に役立つトレーニングで、ゴルフのインパクトの瞬間などは劇的によくなりますし、野球のバッティングのフォロースルーなどのキレも目に見えて向上するなど、格闘技や水泳を含めて幅広い種目に役立ちます。

「立甲でパワーアップ」第三段

～腕をさすってパワーをつける～

強大なパワーアップを目指して

三段目のロケットは「甲腕回旋力」、これは肩甲骨と腕を一体にする〝甲腕一致〟で肩甲骨から腕を回旋させる強大なパワーのこと。反対の手によるさすりを徹底して使うことで、この「甲腕回旋力」を強力にパワーアップする方法が、メソッドとしての「甲腕回旋擦法」です。ここではふたつのトレーニング方法を紹介しますが、いずれも効果が絶大ですので期待してください。

この甲腕回旋擦法を繰り返していくと、ピッチングや打撃動作の一番キモになる部分が恐ろしいほどよくなり、スピードがあきらかに増します。インパクトの手前からその瞬間までの伸びが別モノです。

ボクシングにコークスクリューパンチという打ち方があります。肩、肘、手首を内側に捻り込みながら打つ強烈なパンチです。そのパンチに、この甲腕回旋力は完璧に役立ちます。これは有名なパンチですが、実践できる人はごく一部の天才ボクサーだけに限られた技術です。水泳のクロールのプルなども、一流選手はこの動きを使っています。

「立甲でパワーアップ」第三段Ⅰ

～肩甲骨と腕を一体化させる「外づかみ」～

腕をさすりながら行う

肘を外側からつかんで、腕を外旋（外側に回）しながら引いてください。必ず腕をさすり、伸展しながら内旋、屈曲しながら外旋を繰り返し、腕を前下方に屈伸させるのです。そして、全行程において美しいシルバーの地芯に乗って立ち、手首～前腕～肘を柔らかく密着するようにさすり続けながら、その回旋度を上げていきます。

もう一度「外づかみ」のポイントを整理しておきますが、肘を上外からつかんで、伸展＝内旋、屈曲＝外旋、伸展＝内旋、屈曲＝外旋の連続で、それを肩甲骨と一体になった腕の動きでできることを目指してください。

一緒に立甲のトレーニングを行う仲間がいるときは、その仲間に肩甲骨をさすってもらいながら行うといいでしょう。

じつを言うと、肩甲骨を動かさなくても、前腕だけで似たような回内回外運動を行うことは可能なのです。しかし、それだけに頼ってしまったら、肩甲骨を使えない、小さく弱い運動しかできるようになりません。

やはり、上腕から肩、そして肩甲骨全体の回旋運動と連動して前腕の回内回外運動を使い、質の高い立甲～甲腕一致になって、より大きな根っことなる部分の筋肉を使った動きができるようにしましょう。それによって、強大なパワーアップが実現するのです。

あとは、高さにもバリエーションがあります。

「外づかみ」の基本は脇で屈曲、腰の高さで伸展、脇に引いて腰の高さに出す、脇、腰……という低いレベルで行ってください。必要に応じて、より高いレベルで行う工夫も大切です。

■甲腕回旋力Ⅰ　外づかみ・脇腰屈伸

①

②

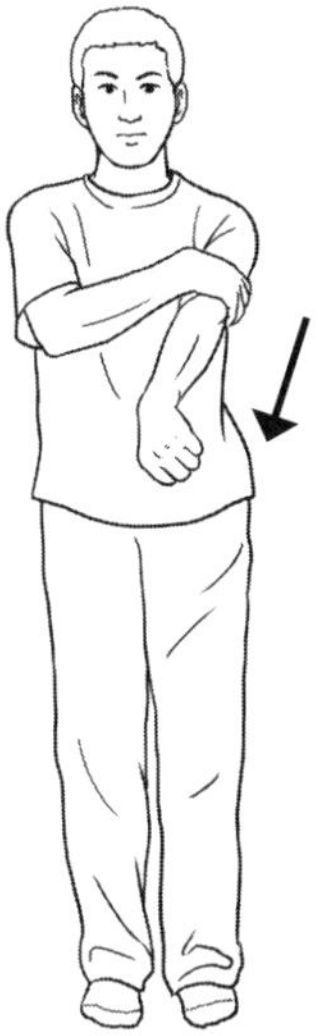

側面

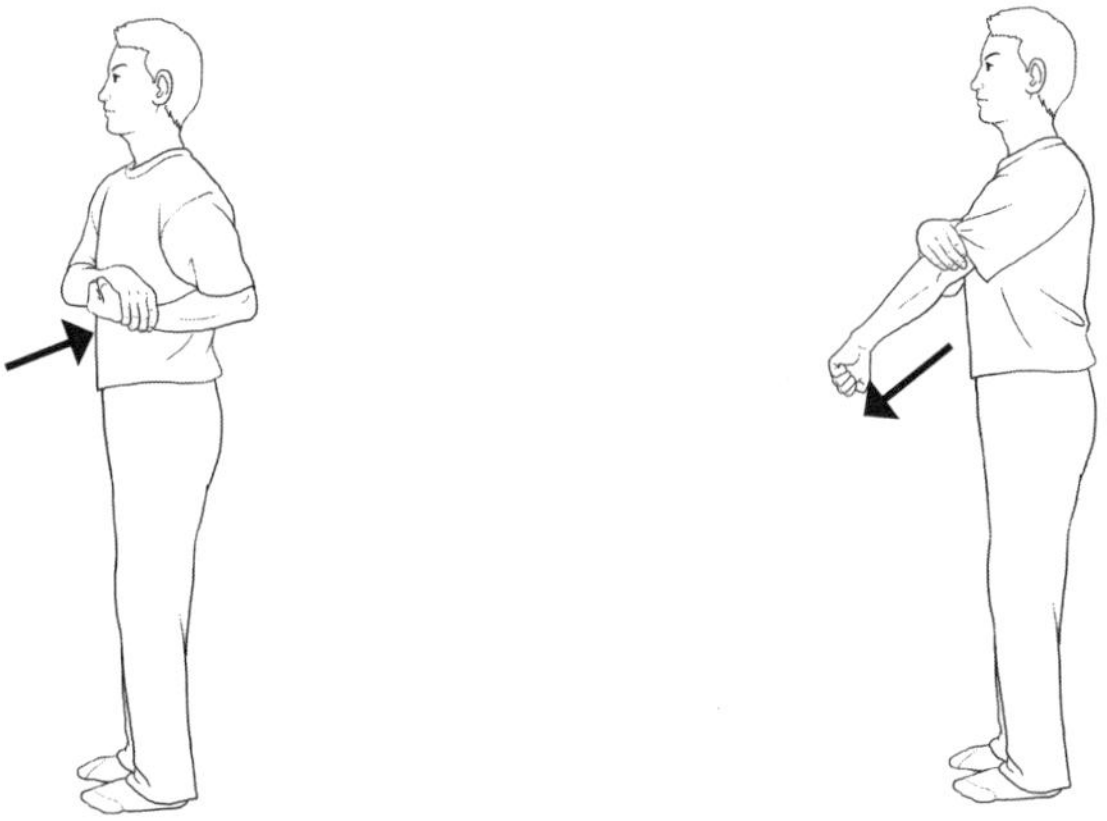

地芯に乗って立ち、肘を外側からつかみ、腕を外側にさすり回しながら後方に引く。そして、腕を内側にさすり回しながら、前方に伸ばす。すべての動きを肩甲骨から行うよう、この動きを繰り返す。体幹を格定し、体幹を力ませずに不動の状態をキープしながら行うこと。

「立甲でパワーアップ」第三段Ⅱ

～腕振りが大きく変わる「下づかみ」～

腕を肩から上で使う動作が強くなる

もうひとつの「下づかみ」は、「外づかみ」の逆で、下から肘をつかみます。あとは「外づかみ」と同じように、肩甲骨から動かすように伸展＝内旋、屈曲＝外旋、伸展＝内旋、屈曲＝外旋を繰り返してください。いずれにしても、**全行程を美しいシルバーの地芯に乗り、手首～前腕～肘を柔らかく、質の高い密着したさすりで、さすり続けることが超重要です。**

回数をこなすごとに、つかまれている腕の内旋外旋運動が柔らかく滑らかになっていくように努めることが大事です。なぜなら、それが柔らかく滑らかな肩甲骨の回旋運動にもつながってくるからです。

それから高さです。「下づかみ」を行うときの手の高さは、肩の高さ、すなわち高いレベルが基本です。つまり、肩の高さで屈曲、頭の高さで伸展し、肩の高さに引いて、頭の高さに出す、肩、頭……という流れです。

これを行っておくと、腕を肩から上で使う動作が非常に強くなります。

■甲腕回旋力Ⅱ　下づかみ・肩頭屈伸

①　②

側面

地芯に乗って立ち、肘を下側からつかみ、「外づかみ」と同じく、肩甲骨から動かすように、腕を伸ばしながら内旋、引きながら外旋という動きを繰り返す。体幹を格定し、体幹を力ませずに不動の状態をキープしながら行うこと。

「外づかみ」や「下づかみ」も上達してくると、屈曲伸展の往復運動の間に、さすりが一周し、全周囲をさすれるようになってきます。はじめはなかなか難しいでしょうが、肩甲骨が大きく回るようになってくると、自然に全周囲をさすれるようになります。ただし、のちほど第5章で詳しく解説しますが、野球の投球動作に役立てる場合などは、この回旋の範囲（回旋度）を90度以内に制限することが必要です。

真のトップ選手と同じ腕使いを目指す

最後に、「外づかみ」「下づかみ」と甲腕一致に関して記しておきましょう。

甲腕一致は、四足の静止状態で言えば、地芯に乗り、腕が肘抜きで垂直に立っていて、その上腕に対して肩甲骨が40度くらいの角度で立甲した甲腕一致状態が基本形です。

それに加えて、「外づかみ」「下づかみ」で行ったような腕の屈曲伸展動作に合わせて、肩甲骨の回旋が起きること、この場合、肩甲骨の運動と腕の運動が一体になって動いています。これも甲腕一致の動的状態なのです。

こうしたことが、「外づかみ」「下づかみ」を行いながら実践的につかめてくると、トレーニング自体がとても面白くなってきますし、「人間の身体はすごくうまくできている」ということが実感できます。

とくに、この第三弾の「甲腕回旋擦法」がある程度身についてくると、腕振り運動がガラッと変わります。

各競技のオリンピックメダリストクラスや、トッププロの腕使いで、とくに凄いと言える選手が2〜3人くらいはいるでしょう。そうした次元の違う選手の腕使いと同じクオリティを、やがて自分の中で感じられるようになるはずです。

また、立甲のトレーニング仲間同士で観察しているうちに、「おい、いまの腕使い、まるであの●●選手のようだったぞ」と気づくこともあるでしょうし、さらには「ヴェーッ、いまの●●選手よりすごかったぞ」という事件すら起きてくるでしょう。

そうなってくると、人間の身体、あるいは自分の身体というものに、希望と可能性を感じられるようになるので、こうしたことを楽しみにしながら、トレーニングを続けてください。

私が研究してわかってきたことは、人間の脳と身体の関係性、そしてそれらがもっている可能性は無尽蔵と言えるほど豊かなもので、それは誰にでも同等に備わっているということです。

しかし、その開発の仕方が未解明だったために、これまでは個人の才能だけで大差がついてきました。しかし、今日、運動科学の成果として、誰もが秘めている身体の可能性を掘り起こし、開発する方法が次々にわかってきたのです。

天才的なセンスをもった選手による神業のような動きも、「こういうことだったのか」と分析できる段階を迎えていて、さらに「あの動きを体現するには、こういうトレーニングをすればいい」と、はっきり言えるような時代に入ってきているのです。

こうしたことにも興味をもっていただいて、まず、この第3章に取り組んでもらえるとうれしいです。

一段→二段→三段と順番を大切に

ところで、この第3章は一段、二段、三段と、わかりやすく三段ロケットにたとえて理解するとよいでしょう。

このたとえで言えば、一段ロケットがいまだ点火・発射していないうちに、あわてて二段、三段に点火する必要はありません。

とはいえ、人間の身体は、実際のロケットほど固定された機械ではないので、第一段をしながら、第二段や第三段に興味をもって行ってもらっても、まったく問題ありません。むしろ面白がってトライしていただくといいでしょう。

ただし、あくまでも第一段が基本です。立甲が上達しないうちに、第三段の「甲腕回旋擦法」に取り組んでも、肩甲骨が回旋しないので、腕の回旋も望めません。そうなると肘から先だけの、いわゆる前腕の回内回外だけに頼った運動になってしまうので、やはり第一段の基本に戻る必要が出てくるわけです。

興味をもって面白がって、第二段、第三段を行うのは一向にかまいませんが、第一段をものにしないと、二段、三段が生きてこないので、その点だけは注意してください。

また、二段の後方に向かって肩甲骨をはがすトレーニングなども、ある程度立甲ができるようにならないと、手のつけようがないメニューです。

「肩甲骨を肋骨からはがす？　なにそれ？」という段階では、手のつけようがないので、こうしたことを踏まえて、やはり第一段のトレーニングを大事にして、一定の成果を出してから、それを土台に二段、三段へと進んでいってください。

第4章

立甲と甲腕回旋力で「歩力・走力」を高める

「歩き」と「走り」の違い

「歩き」がすべてのスポーツ動作の基本

ここからは、いよいよスポーツの専門的な技術に直結する方法を、みなさんに学んでいただきます。

まず、**あらゆるスポーツのもっとも基本となる重要な運動、走る力＝走力から取り上げていきたいのですが、さらに、この走力の基本となる運動があるのです。**

それは何か？

じつは歩く力、歩力なのです。

「えっ、そんなものまで？」と思われるかもしれませんが、科学的に見れば、走りという運動はまさに歩きという運動の応用形に他なりません。

両者の違いをわかりやすく説明すると、移動中、片足が必ず地面に接地していれば「歩き」に分類され、左右どちらの足も接地していない瞬間、つまり両足ともに宙に浮いている時間があれば「走り」となります。

陸上競技に「競歩」という特殊な競技がありますが、そのルールでは、「常にどちらかの足が地面に接していること」と定められています。つまり、その状態を「歩き」の定義にしているということです。

このように、歩きと走りは科学的な定義上、これだけの違いでしかないのです。

ところが、バイオメカニクスから言えば、「走り」における空中に両足が浮いている状態が一歩ごとに繰り返されているのは、身体運動という点で、かなり激しいものに位置づけられます。それに対し、歩きは穏やかな運動です。

スポーツは基本的に競争であり、ライバルと勝敗優劣を競い合うことが半ば宿命になっています。そのため、どうしても激しい運動になりがちです。

「走り」はその典型的なケースであって、ほぼすべてのスポーツ運動の基本として位置づけられることになるわけです。

しかし、今日、世界のスポーツトレーニングシーンを見渡すと、徐々に科学的な考え方が進み、何があらゆるスポーツのもっとも基本になるのか、つまり、人間のさまざまな動きのもっとも基本はそもそも何なのかという分析が始まっています。その構造を見出すという作業に取り組み始め、ようやく一定の成果が報告されるようになってきました。

その結果わかってきたのは、**四足での運動がもっとも基本であり、その応用が直立二足歩行、つまり歩きであり、さらにその応用形が走りであるということです。**

投げる、打つ、蹴るといった運動はすべて、歩きや走りの応用形としてとらえられることが解明されてきたのです。

したがって、**純然たる科学として見ても、スポーツのさまざまな分野、種目における専門的な技術を高めるために走りはもちろんのこと、じつは歩き、さらに四足をトレーニングし、その能力を高めることが、スポーツのさまざまな分野の能力を高めることにつながっていくとわかってきたのです。**

それだけ効果のある四足の、まさに中核をなすのが、本書のテーマである立甲であり、そのことについて詳しく紹介している本書は、こうした極めて科学的なものの見方に基づいて記されているということが、改めておわかりいただけたのではないでしょうか?

そのうえで本章では、「歩き」「走り」に焦点を合わせて話を進めていくことにします。まず、ここではあくまで立甲から出発していきますので、「歩き」「走り」でダイレクトに問われる下半身の動きは、立甲ができたことで、結果としてよくなるという位置づけだということをご理解ください。

しかし、上半身の肩甲骨周りを開発していくと、下半身もそれに応じて必ずよくなるというのが科学的な結論ですので、大いに期待してもらいましょう。

腕振り

歩きと走りに共通する問題

さて、具体的には何から攻めていくのか?

それは〝腕振り〟です。

歩くときも、走るときも、必ず腕を振っていることは自身の体験でも周囲を見ても、すでにご承知のことでしょう。

この**腕振りが、歩き・走りのパフォーマンスに大きな影響を与えているにもかかわらず、ほとんど重要視されてこなかったというのが現実です。**

陸上の専門的なトレーニングの中では、とくに短距離選手のトレーニングで、その場で非常に高い速度で腕振りを行うというメニューが、昔からよく行われてきましたが、逆に言えば、腕振りはその程度の扱いしか受けてこなかったのが、これまでの歴史です。

科学的に見た場合、このようなレベルでは本当に時代遅れのトレーニングだと言わざるを得ません。

では、これらのどこが問題なのか?

それは歩きと走りに共通する問題ですので、両者に通じる話としてご説明いたします。

歩く際も走る際も、腕振りは肩関節から先の上腕、前腕だけで行っている腕振りが一般的です。あるいは、その肩関節が無用に前後に、あるいは体軸を中心に回転している、このいずれかのケースにあてはまります。

つまり、**肩関節を肋骨に対して固定させて、あるいは体幹全体に対して固定し、そこから先だけ、腕だけで一所懸命に腕振りをするパターンか、肩関節が無用に動くような腕振りか、そのどちらかに集約されるということです。**

「あれ？　肘の曲げ方などもあるのでは？」と疑問に思うかもしれませんが、それらについては、後述することにして、こ

■腕振り

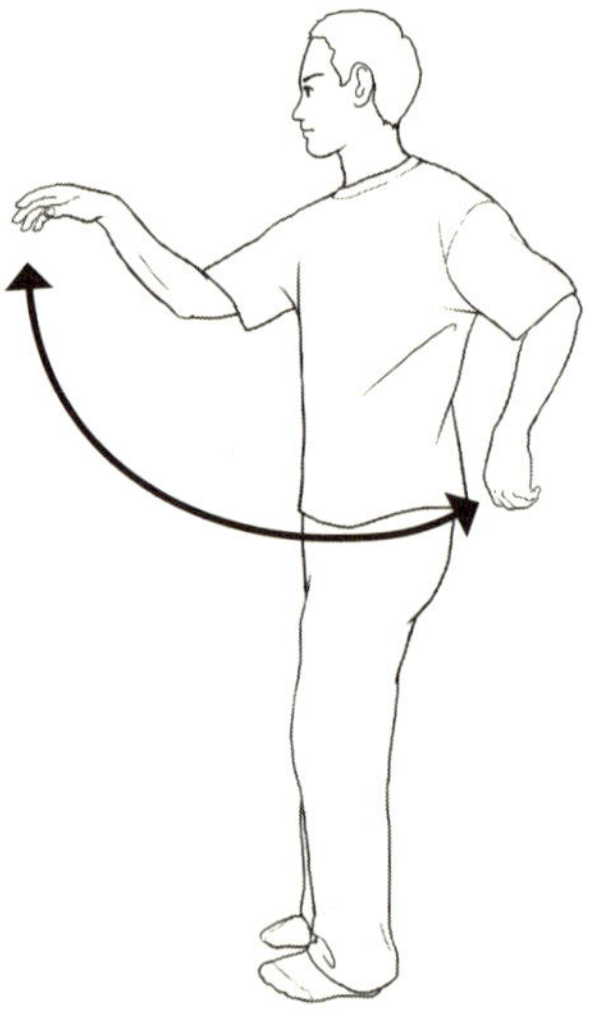

歩力と走力を高めるには、地芯に乗って立ち、立甲と甲腕一致による腕振りが必要不可欠。肘関節は歩きのほうが走るときよりも伸び気味になる。走りのときは肘の角度は90度が目安。前腕の回軸度は前方では垂直に対し70度くらい、後方では垂直に対し30～45度くらい内旋するのがベスト。体幹を格定し、体幹を力ませずに不動の状態をキープしながら行うこと。

こでは話を進めていきます。

腕と脚の関係は「内的運動量の一致」

ここではまず立甲に直結する話として、肩関節について語っていきます。

ところで、腕振りは何のために行うのか、ご存知でしょうか？

腕振りには、ふたつの働きがあります。

ひとつは、「歩き」「走り」という全身運動のバランスをとるためです。歩きや走りの主動部分になっている2本の脚は、とても大きな質量をもっています。とくに鍛え上げられた太い脚をもったアスリートの身体を見ると、股関節周りの大臀筋などを含めれば、下半身だけで全身の体重の半分以上の質量を占めます。

つまり、1本の脚の重さは、体重のおよそ4分の1もあり、歩くまたは走るときはその両脚を必ず同時に動かしています。それ以外の動いていないはずの体幹部と同じ質量が、常に動いているわけですから、とても大きな反トルクが体幹全体に影響を与えています。そうした2本の脚の大きな運動のカウンターバランスをとるために、どうしても腕振りが必要になってくるのです。

したがって、腕振りのうまさとして、下体の運動の吸収能力が第一に挙げられます。

もうひとつの働きは、駆動力です。

駆動力？　腕は地面に接していないのに、どうして駆動力が関係あるのかと鋭い人は疑

■内的運動量の一致

①

②

③

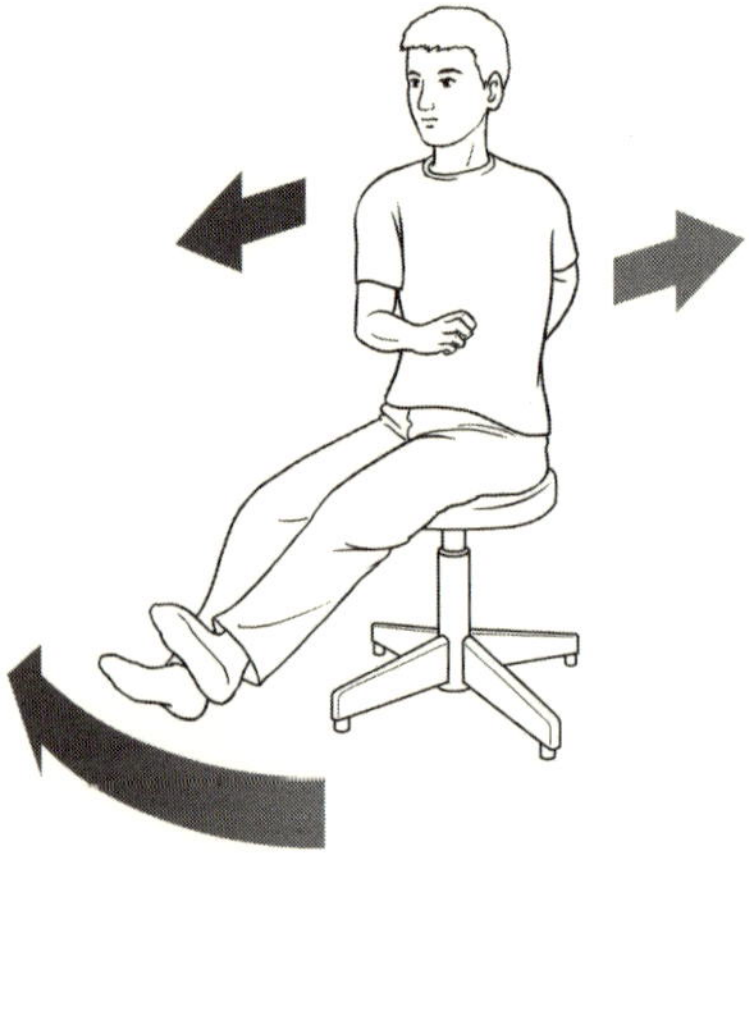

回転椅子に座り、①のように腕を大きく右に振ると、下半身は左に回転する。②のように両腕だけを前後に振っても下半身はあまり動かない。③は腕だけでなく、肩甲骨から腕を振ると、下半身は②より大きく動く。

問に思うことでしょう。

たしかに水泳ならともかく、陸上で腕が空気を掻いても大した推進力は得られません。

この場合、腕による駆動力は、直接的な駆動力＝直接駆動力ではなく、間接的な駆動力＝間接駆動力のことを指しています。

間接駆動力とはいかなるものか？

人間の身体には、「内的運動量の一致」という法則があります。たとえば回転椅子に両足を浮かせた状態で座って、両腕を左側から思いきり右側に振り回してみてください。すると、下半身＝両脚は腕の動きとは反対に、自然と左側に振られ回されます。

これが、もっともわかりやすい「内的運動量の一致」のロールケースです。

次に同じく回転椅子に両足を浮かせて座り、両腕を走るときのように、交互に前後に振ってみてください。すると腕振りの方向と反対に下半身は振られ、回されます。下半身のその動きは、走るときの腕振りのように、互い違いに腕が振られるのとちょうど同じ方向になります。これも「内的運動量の一致」です。

この「内的運動量の一致」が歩きや走りの中でも、腕と脚の関係において、いつも存在しているのです。

それゆえ、右脚が前に出たときは左腕が出て、左脚が前のときは右腕が自然に前に出るのです。このようにして「内的運動量の一致」にしたがっているわけです。

この右脚前＝左腕前の状況では、右腕は後ろに引かれています。このとき右腕がどれだけ引かれたかが、じつは非常に重要なのです。

なぜなら、どれくらい右腕を引くかによって、その「内的運動量の一致」をとるために、脚の動く量が変わってくるからです。

つまり、右腕を少ししか引かないと、その運動量は小さくなります。すると、そのカウンターバランスとなる左脚も必然的に小さく動きます。左脚の動きが小さければ右脚の動きも小さくなり、その結果、左腕の動きも小さくなる……。こういう流れになるのです。

というわけで、身体の一部である腕振りの運動を小さくすると、他の部位の動きも小さくなります。大きくすると、他の部位も大きく動き出します。

これは物理現象として、水が高いところから低いところに流れ、ボールを壁に投げればその角度にしたがって決まった方向に跳ね返るのと同じように、「内的運動量の一致」については、誰も否定しようがない物理現象の原理法則だということをご理解ください。

したがって、**より大きな歩き、より速い歩き、より大きな走り、より速い走りを体現するためには、脚を大きく速く動かすことが必要で、そのためには腕も必ず互い違いに、つまり腕と脚が必ずクロスする形で大きく速く動かさなければならないということです。**これは前述したように、物理学上の法則によりますから、同側の腕が脚と同じ方向に振られる、いわゆる〝ナンバ歩き〟というものは決して存在し得ないことになります。

ここに、腕振りと「駆動力」の関わりがあるわけです。

というわけで、歩いたり走ったりするときに、腕が直接地面をはくことはありませんが、自分の身体に対して大きく動けば、それが両脚を大きく動かすことにつながるのです。

また、腕を速く動かせば、脚を速く動かすことになるのです。同様に、腕を滑らかに動かせば、滑らかに脚を動かすことになってきます。

肩甲骨周りの大きな筋肉を「腕振り」に活かす

こうして「内的運動量の一致」について、ひと通り納得いただいたところで、ここからが肝心な話になります。

それは具体的にどういうことか？

歩く、もしくは走る際、一般的に腕振りと言われている動作は、肩関節を固定して、そこから先だけを動かすものです。

とくに走る際は、肘を直角に曲げて、手のひらは内側、手の甲は外側に向けます。つまり、手を垂直にして軽く握って、という指導が標準的です。

では、歩きはどうなのか？　ある流儀の歩きでは、肘関節を曲げて腕を振るといった指導を取り入れていますが、みなさんが普通に街を歩いているときは、もっと肘関節を伸ばして歩いているはずです。

つまり、一般的には、歩く際は自然に肘が伸びた状態で、走るときは肘が曲がってくるということです。肘を直角に曲げて歩くことをすすめている人たちは、走りに近い早いテンポ感で歩かせるために肘を曲げるのです。

いずれにせよ、ここで重要なのは、肩関節から先の腕の質量はどのくらいあるのかということです。

肩関節から先の腕の質量は、体重のおよそ5〜6パーセントと言われています。そして、物体の運動量は、「質量×速度の二乗」に比例します。つまり、質量が大きければ大きいほど、脚に与える影響も大きくなります。

そのため、腕の細い人が腕振りをするよりも、腕の太い人が腕振りをした方が、両脚の運動に大きな影響を与えるわけです。

だとすれば、より大きく、速く歩く（走る）ために、腕を太くしなければならないのか？腕なんてそんなに簡単には太くならないし、太くもしたくないという人もいるでしょう。

たとえば巨漢のプロレスラーなどは、ものすごく太い腕をしていますが、優秀な陸上選手やバスケットボール選手やサッカー選手に、プロレスラーのように太い腕をしている人がいるでしょうか？　そんな選手は存在しません。なぜなら、腕があまりにも太くなってしまうと、腕を動かすこと自体が遅くなってしまいますし、そもそも、そんな太い腕を作りあげること自体が大きなマイナスになってしまうからです。

それだけの筋肉をつけるためには、たくさんのプロテインを摂取し、そこにたくさんのタンパク質を集めなければなりません。そうなってくると、身体の発達がどうしてもアンバランスになります。サッカー選手なら、限られたタンパク質は、脚に集めた方が都合がいいはずですから、腕をそれほど太くすることはできません。

では、どうすればいいのか……。

そこで立甲の出番です。

肩関節は骨格的に肩甲骨とつながっています。そして、その肩甲骨は動かすことが可能です。すでにみなさんは、立甲から甲腕一致までさまざまなトレーニングを行ってきたので、そのことがよくおわかりになっていることでしょう。

その肩甲骨の周りには大きな筋肉がたくさんあります。ここまで言えばもうおわかりでしょうが、**肩甲骨とその周囲にあるたくさんの大きな筋肉を腕振りに参加させることができれば、そこにあっという間に大きな質量の増加が見込まれて、運動量を増やすことが可能になるのです。**

立甲ができていないうちに肩甲骨から腕振りをしても……

ただし、ふたつだけネックがあります。

ひとつは、肩甲骨とその周りの筋肉を腕振りに参加させることは、簡単ではありません。

肩甲骨が肋骨にへばりついて、あまり動かすことができない人は、肩甲骨を参加させたくても腕振りに参加させられないのです。

そうした人に、慌て者のコーチやトレーナーや先輩は、「肩甲骨から動かした方がいいぞ」とついつい指導をしたくなります。

そうした指導を受けた選手はどうなるかというと、アドバイスにしたがって一所懸命に肩甲骨から動かそうとし、その結果、肩甲骨と一緒に肋骨が回り出してしまうことがよくあります。肋骨を中心とした上体が身体の軸に対して、いつも行ったり来たりグルグルと回っているような動きになってしまうのです。

こうした動きは最悪と言っていいでしょう。

何が最悪なのか？　肋骨をグルグル動かしてしまうと、体幹力の要＝自由脊椎の格定が総崩れになってしまい、軸がズタズタハチャメチャになってしまうからです。

そのことの何が悪いのか？　肋骨をグルグル回す筋力はどこから出てくるのかというと、肋骨と骨盤を結んでいる、斜めに走っている筋肉＝外腹斜筋と内腹斜筋が、それにあたります。

そして、それ以外の筋肉、とくに前述の肩甲骨周りのたくさんの筋肉はこれらの動きには加わっていません……。肩甲骨の周囲に存在する大きな筋肉、非常に強い筋肉、たくさんの種類の筋肉が、腕振りをさせるために活動するという状況ではなくなってしまうわけです。

その代わり、自由脊椎周りの外腹斜筋・内腹斜筋が、肋骨を回すという似て非なる運動にすり替わってしまっているのです。

さらに問題なのは、そのことによって回され動かされている部分の質量は、全身の半分にあたるという点です。ということは、脚のそれぞれ一本の質量より、はるかに大きくな

ります。つまり、「内的運動量の一致」をさせるには、質量が大きすぎることになるのです。

その結果、上体の大きな回転と下体の内的運動量を一致させるために、自由脊椎から下にある骨盤、いわゆる腰、腹、尻と呼ばれる部分がグルグル大きく回るように動き出して、脚が交互に前後に振れる運動量では不足する運動を補おうとし始めるのです。

すると、肋骨をグルグル動かすことと同じことが、腰、腹、尻でも生じてきます。腰、腹、尻をぐるぐる回転させる筋肉は、これまた外腹斜筋・内腹斜筋で、股関節周りの強力無比な筋肉である大臀筋やハムストリングス、腸腰筋、大腿四頭筋の中の大腿直筋といった脚を動かす主力の筋肉＝駆動筋の活躍を引き出すことにまったくならないので、最悪の運動になってしまうというわけです。

このような理屈から、肋骨まで肩と一緒に回るように動くと、脚は遅くなってしまうのです。大きな歩き、速い歩き、大きな走り、速い走り、滑らかな歩き、滑らかな走りはできなくなってしまうのです。

これで、自由脊椎周りで体幹を格定させることの重要性が、さらにご理解いただけたことでしょう。ちょうど肩甲骨から筋肉をはがした肋骨から下、胴体を通って、骨盤までの部分こそ体幹の一番重要なところ、文字通り「幹」に相当する部分はきちんと格定されている必要があるのです。

それに対して、上体で言えば、肩甲骨から肩甲骨を含めたその周りの筋肉、肩関節、腕、下半身で言えば股関節を中心にして、その周りの脚を動かす筋肉の間で、内的運動量の一致を許らないといけません。体幹はそれを支え、伝達する装置として格定されていなければならないのです。

体幹の上下を互い違いに回す運動は効率が悪い

そして立甲は、そのための決定的な能力です。

「歩く」「走る」は立位で行うので、四足の姿勢とは肩甲骨の角度が違いますが、腕を後ろに振るときは肋骨から後ろに向かってはがれるように、肩関節と上腕をつれて、肩甲骨が動くこと。腕を前に振るときは、肩甲骨から前へ進んで、肩関節から上腕、前腕までを前方に運んでいくことが必要なのです。

あくまでも主導的役割は肩甲骨。

しかし、これは容易ではありません。

歩く・走る際の腕振りは第3章で学んだ、前立甲・後立甲の両方を行う動きの典型的なものだからです。

走るときは、腕を振るスピードも速いので、大変短い時間に前立甲と後立甲を繰り返さなければなりません。しかも、左右同時に反対方向に動かさなければならないのです。

普通の人は、肩甲骨がそれだけ自由には動いてくれないので、肋骨まで一緒に動かして、それが体幹の崩れを生み、肋骨と骨盤をグルグル動かすような、滑らかとはほど遠い動き、クオリティとして最悪の動きになります。あるいは肩関節を肋骨に固定し、腕先だけ、上腕から先だけを動かして腕振りとするか、そのどちらかになるのです。

この場合、どちらかと言えば、後者の方が体幹が動く前者よりもはるかにましですので、直感的にそれがわかっている人は、後者の走り方をチョイスしているのが現状です。

そのぐらい、体軸周りで体幹の上部と下部が反転する回軸運動を繰り返すことは、非効率な悪い動きと言えるのです。

そこに参加している筋肉は全身の質量を見事に運ぶ、あるいはスピーディーに運ぶ、強力に運ぶというような筋力では、とてもなりえない筋肉だからです。

それと同時に、全身のバランスを常に保つためには、体軸がきちっと屹立していること、それを体幹がきちんと支え立てていることも重要です。

昨今、世界各国で体幹トレーニングの必要性が叫ばれ、普及してきたことで、優れたコーチやトレーナーが「体幹を強くすることが重要だ」と言えるようになってきたのは、喜ばしいことです。

クルマでいえば、良好なハンドリングや快適な乗り心地を確保するには、強固なボディ剛性が必須とされ、各メーカーの設計者たちが、こぞって高いボディ剛性を与えようと日夜工夫しています。とくにレーシングカーやスポーツカーでは、いかに軽量で高剛性のボディを作るかが、設計上の最重要ポイントになっていると言っても過言ではありません。

そして、それは人間の身体も同じなのです。

手を内旋させると肩甲骨はよく動く

ここまでをまとめると、肩関節を中心に腕先だけを振るのもダメ。肩甲骨ごと肩を動かそうとしても、それが容易ではなく肋骨まで一緒に動いてしまい、体幹の崩れを生むのでもっとダメだということです。歩力と走力を根本的に高めるには、立甲と甲腕一致による腕振りが必要不可欠なのです。

細かく見ていくと、肘関節は、歩きの方が走るときよりも伸び気味です。その際、前方で言えば前腕の長軸周りの回軸度は垂直に対して70度くらい、後方では垂直に対して30～45度くらいがベストです。

これまで一般的に指導されてきた腕振りの方法は、前述した通り、手の甲が外側、手のひらが内側、別の言い方をすれば、中手骨が垂直に立った状態がいい腕の振り方だとされてきました。

それに対して、**立甲～甲腕一致～甲腕回旋力という視点から考える腕振りは、腕を前に振るとき、少しだけ内旋させるのが理想です。これがもっとも力を発揮するポジションです。後ろ側に振るときも、中手骨は垂直ではなく、垂直に対して少し内旋させます。**

前方に振るときの方が内旋度は大きく、後ろの方が少し小さくなります。

なぜ垂直ではなく、内旋させた方がいいのかと言えば、この内旋度をとると、肩甲骨がもっともよく動くように身体はできているからです。

みなさんもぜひ行ってみてください。腕を後ろに引いたとき、垂直に対して中手骨を45度になるようにして、肩甲骨をモゾモゾと細かく動かしてみましょう。モゾモゾすると肩甲骨が肋骨から少しずつはがれるのがわかるはずです。

それに対し、そのままの状態で中手骨を垂直にしてみてください。中手骨を内旋させると、肩甲骨がはがれ、中手骨を垂直にすると肩甲骨が肋骨にへばりつき寝てしまうのが実感できることでしょう。

「肩甲骨が寝る」＝肩甲骨が肋骨にくっついて固定されてしまい、活動性が下がってしまうことを意味します。

したがって、手を垂直に動かすという従来の腕振りは、肩甲骨を不動化させる腕振りになってしまうのです。

とくに前方への動きは、腕から肩関節の自由度がまだ大きいので肩甲骨への影響は小さくてすみますが、後方へ振るときはあきらかに肩甲骨が固定されてしまいます。

このようなことが起きてしまう理由も、運動進化論で説明できます。

人間は、四足動物から進化してきた生き物です。四足動物が走るとき、前脚の足底面を垂直にして走ることがあり得るでしょうか？　そんなことはまったくありません。**本来の四足動物の身体の構造と機能を我々人類も引き継いでいるので、中手骨を垂直にする走り方は、そもそも四足動物時代の身体使いとは90度違っていることになるわけです。**

そこで前腕を内旋することで、野生の四足動物と同じような身体使いになり、その結果、

肩甲骨が非常によく動く走り方を体現できるようになるのです。

もう一度、両腕をゆっくり振って、その効果を実感してみてください。肩甲骨から動かして腕を前、後、前、後……。このとき腕を内旋すると肩甲骨がよく動くのがわかるはずです。

今度は、中手骨の角度を垂直に固定して同じようにゆっくり振ってみましょう。途端に肩甲骨が動かなくなるのがわかります。とくに後方はわかりやすいですが、敏感になれば、前方に振るときもやはり動かなくなるのがわかります。これは、肩甲骨がそれだけ固定されるポジションだということです。

ただし、この固定されたポジションは、何の役にも立たないのかというと、じつはうまく行えば有効な使い道があるのです。

歩いていて、あるいは走っていて、クルッと方向転換したいとき、内旋とは逆に外旋をかけると、肩甲骨が体幹をロックして、非常に素早く体幹が軸回りできます。これを「肩甲骨ロック」と言いますが、進行方向を激変したいときだけは、腕を内旋するとマイナスになるので覚えておいてください。

超一流のアスリート、サッカー界で言えばメッシやクリスティアーノ・ロナウド、バスケットボールのかつての名選手マイケル・ジョーダンなどは、この動きを自然に体現しています。とくにマイケル・ジョーダンは、場面場面で手がじつに適切な方向に向いているというのが特徴的でした。

走りについて言えば、歩きよりも肘が曲がってくるというのは、すでに説明した通りです。その肘が曲がるときでも、その角度は90度が目安です。

同じ走りでも、陸上選手の方が決まった運動を行っているので、フォームは成形されてきます。成形されることによって、肘の角度は90度あたりに統一され、短距離選手ほどその傾向が見られます。

一方、サッカー選手などは、数メートルのダッシュから50メートルを超える距離まで、試合中にとにかくさまざまな距離を走ります。そうしたサッカー選手でも、世界の超一流選手の走りをよく見ると、肘の角度は100~140度ぐらいで、比較的、肘が伸びた腕使いをしています。前記のように腕もしっかり内旋しているのが特徴です。

立甲の腕振りはクルマのターボに似ている

このように腕振りは、全身のバランスをとるためと、内的運動量の一致を利用した間接駆動力を得るために行うものです。

クルマにたとえれば、エンジン本体に補機類であるターボチャージャーを取りつけて、排気量以上のパワー&トルクを得られるように、上手な腕振りはそのターボに匹敵するような効果を得られるのです。

クルマにとって、ターボがあってもエンジンがなければ、車体は前に進まないように、人間の身体も脚が止まった状態で腕をいくら振っても前には進めません。これは肩関節から腕を振っても、立甲で腕を振っても同じです。

下半身が運動し始めて、実際に前に進むための駆動力を発揮しているときに、腕振りをすると途端に駆動力が変化します。

肩関節周りで腕を振っている状態から、立甲での腕振りに変化するとあっという間に脚のストライドが伸びて、スピードが増します。そういう意味で、立甲を使った腕振りは、感覚的にクルマのターボチャージャーと似たところがあるので、そのことを知ることで肩甲骨の運動への理解が進むのではないでしょうか。

脚使い

スポーツ独特の『走中歩行』と『走前歩行』

もうひとつ、脚使いにも触れておきましょう。

日本選手独特の欠点もあれば、世界的に見ても脚をどう使うかという研究はまだまだ遅れているので、最先端の知見をみなさんにご紹介しておきます。

歩きには、本来の歩きと、特別な目的のための歩きの2種類があります。

本来の歩きとは、普段の生活の中で数メートルにはじまり2～3キロくらいを歩いたり、ときには5キロ、10キロを歩く場合に使われている歩きです。

もうひとつは、専門的な目的のための歩きです。たとえば、クラシックバレエのバレリーナが舞台上を移動するときの独特のつま先歩きや、日本舞踊や能などの舞手のすり足、一部の武術で行われている、やや腰を落としたすり足も、それにあたります。レストランのウエイターが料理や飲み物をトレーに乗せて運ぶときの歩き方なども含まれますし、探してみると、じつは専門的な目的のための歩き方はたくさんあります。

そして、スポーツの世界も、専門的な目的が最優先される現場です。当然、スポーツの

ための歩きも存在し、それは日常生活の歩きとは異なります。

具体的にはスポーツ用のつま先歩行などが、その代表です。これを専門的には『走前歩行《そうぜんほこう》』と言います。さらに似た歩きとして『走中歩行《そうちゅうほこう》』なども挙げられます。

さあ、みなさん、これらがどのような歩行なのか、想像がつくでしょうか?

陸上の短距離選手が、出走前にウォームアップしている場面を思い出してください。グランドの中を歩いてきて、やがて歩きから軽いジョギングへという動作を繰り返し始めました。この歩きから走りに変っていくときの歩き方は、生活における「本来の歩き」ではありません。

靴だって専用のスパイクですし、あれは典型的なつま先歩行です。

サッカー選手が歩きながらボールを目で追って、「あそこだ」と狙い定めて走り出す直前の歩きも同じです。

こうした特殊なつま先歩行のことを『走前歩行』と言います。これは名称通り、走る直前だけに使われる歩行です。

また、サッカーやバスケットボールの試合で、選手が走ったと思えば歩き、歩いたと思ったら、またすぐ走り出すときのあの歩きは、『走中歩行』と言います。

この場合、『走中歩行』に『走前歩行』がオーバーラップしているとも言えます。

いずれにせよ、走り出す寸前に現れる歩行というのは、必ずつま先歩行になります。そして、この歩き方は、本来の歩行とは一線を画すものなのです。

そのために、この『走前歩行』を多用する競技では、マテリアルも特別なものを用います。

それは、使用するシューズのかかとが薄いという特徴です。普段、日常生活で使っている靴は、総じてかかとの厚いものばかりです。とくにビジネスマンの履く革靴や女性のパンプスなどは、かかとが厚くできています。そのようなかかとが厚い靴で、つま先歩行をすると、非常に厄介なことになるのは想像に難くなく、かかとが厚い分だけ、その厚さを越すように足首関節を伸展させて足の甲を伸ばさなければなりません。その影響で膝関節も前に出て危なっかしいことになり、歩きのパフォーマンスが成立しない状態になります。

当然、スピードも出ませんし、バランスを崩すリスクも増えるし、傷害も起こりや

■走前歩行・走中歩行

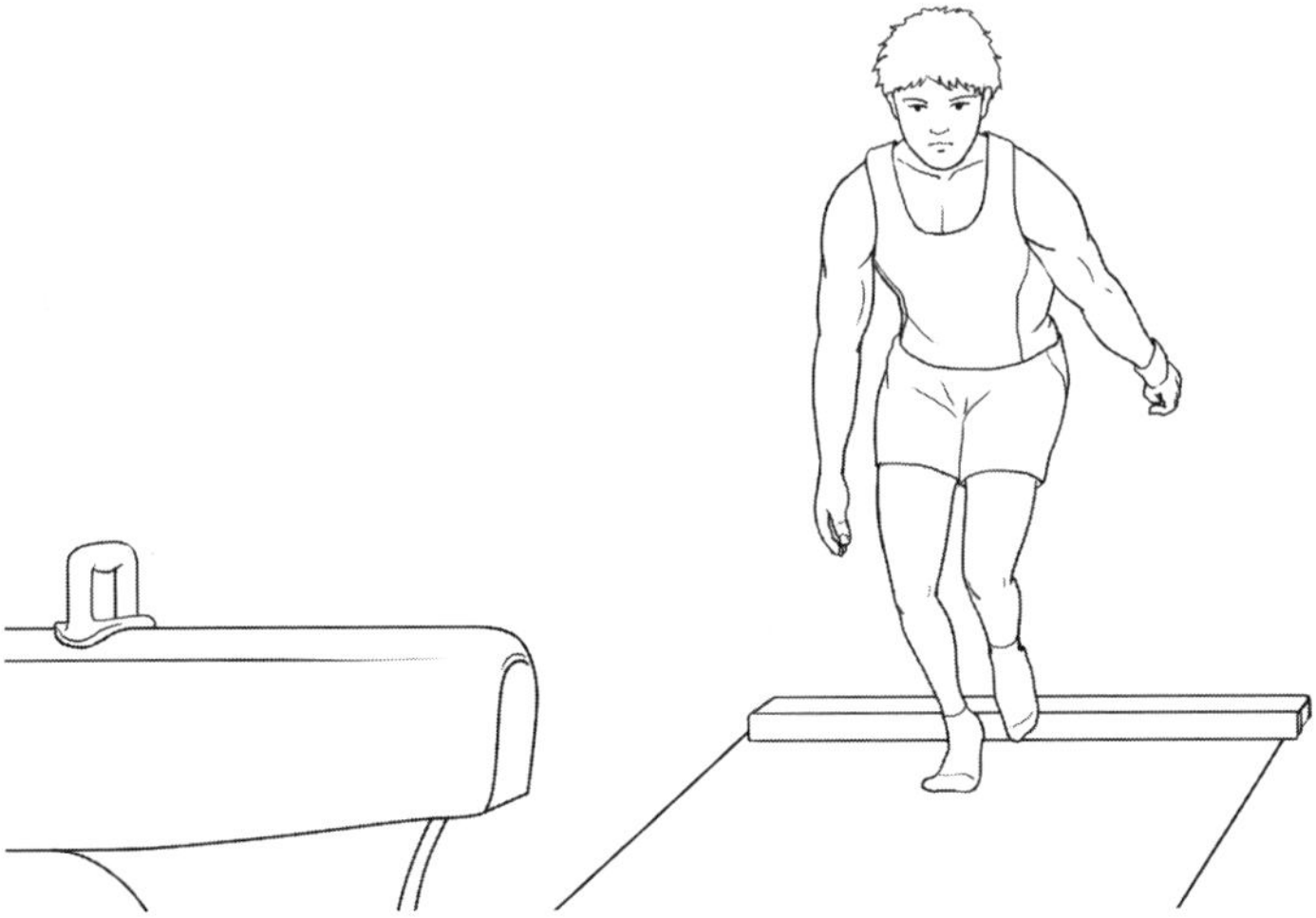

スポーツで見られる、極力スムーズに、速いスピードに乗った走りに移行するための特殊なつま先歩行のことを「走前歩行」と言う。似た歩きとして、サッカーやバスケットボールの試合中に走ったり歩いたりを繰り返す「走中歩行」がある。いずれも地芯に乗って立つことが大切。

すくなります。そんな歩き方で10キロも歩きたがる人は決していないでしょう。

しかし、**スポーツ選手にとって競技中に重要なのは、この『走前歩行』なのです。『走前歩行』には、歩幅が狭いという特徴があります。歩幅を広くすると、つま先歩行の欠点がたくさん出てくるからです。**

歩幅を広くすると何が起きるかというと、かかとの薄い靴でも、つま先で歩くために足首を伸ばす必要が出てきます。つまり、かかとが厚い靴を履いたときと似たような状況になるわけです。歩幅が狭ければ、足首の角度が90度近くでも、つま先立ちで歩けます。ところが、歩幅が広くなるにしたがって、足首の角度が180度に近づいていきます。すると、怪我をしかねない危険な足のつき方を強いられることになるのです。

そして、そのことによって、ストッピング、身体に対するブレーキがどうしてもかかってしまいます。

『走前歩行』の重要なところは、直後に走り出したときに、極力スムーズに速いスピードに乗った走りに移行できるようにすること。そのための歩行が『走前歩行』なので、その歩きから走りへの移行過程では、ブレーキの要素が一切ないことが肝心なのです。

そのブレーキ成分をなくすためにはふたつのポイントがあり、ひとつはかかとを地面につけないこと。身体の前方でかかとから地面に接地すれば、それはブレーキ成分を生じさせます。

つま先歩行も身体から遠い前方で地面に着くと、やはりブレーキになってしまいます。

というわけで、**『走前歩行』の要点は、狭い歩幅でつま先から地面に着くこと。これに尽きます。これが『走前歩行』の極意であり、正しい方法です。**

したがって、スポーツの競技中、ストップ&ゴーを繰り返すようなシーンでは、必ず『走前歩行』だと位置づけて歩くようにしなければいけません。

具体的には、グラウンドやピッチ、コートなどの競技場に入ってきたら、歩き方を『走前歩行』に切り替えていくこと。これが大事なコツになります。

『走前歩行』のセオリー通り、狭い歩幅のつま先歩きで、そして、重心を高くすること。簡単に言えば、力を抜いて背伸びをしているような感じで歩くことです。脱力して背伸びをしながら歩くようにすると、大股では歩けません。背伸びをするためには必然的に小股になり、自然に『走前歩行』の姿勢になります。もちろん、地芯に乗ることを忘れずに。

『走前歩行』が準備として必要な理由

こうした特別な歩行が生まれたのは、そのあとに要求されている走りが、激烈に速いスピードでなければならないからです。そのためにはブレーキ成分をできるだけ取り除いておく必要があるのです。

走りの運動には、本章の最初に記したように、両脚ともに宙に浮いている時間があります。宙に浮いている時間に何が起きているかというと、宙に浮くために重心が高くなっています。では、その重心の高さを確保しながら、ブレーキ成分をゼロに近づけるためにはどうすればいいのでしょうか?

歩きで言えば、自分の体軸の位置に対して40センチ先に脚を着くような動きでも、それが走りになると、脚が体軸の40センチ先に着きそうに見えながら、どんどん体軸が前に進んでいって、最終的には体軸のほぼ真下に脚を着きます。

このとき、かかとも地面に着きそうに見えながら、ギリギリのところで接地せず、つま先だけで支えています。そして、つま先が支えた次の瞬間には、体軸がその上を通過していくので、脚は支えから抜けていきます。

これが走りという運動です。

つまり、走りという運動には、脚がかかとから接地しそうに見えながら、徐々に体軸がその上を進んできて、脚は相対的に、体軸に対して手前にワイプされながら、つま先が接地するということが行われています。こうした、**脚が空中をワイプされる動きを「エアワイプ」と言って、脚が地面に接地してから地面をワイプする「グランド(リアル)ワイプ」と区別します。**

ゆえに、重心の高さとつま先で接地する準備を、走る直前に行っておいた方がいいのです。すると、走りのパフォーマンスに二重の意味で役立ちます。ひとつは走りのパフォーマンスに近い歩行運動をすることで、脳から身体機能がアップされる。もうひとつは、その動きのまま走りに直結でき、走りへの移行過程になるからです。

陸上競技はもちろん、体操の跳馬や床運動の直前でも、歩きから走りに変わって加速しながら競技に入っていく手順を踏むのはそのためです。それらの本番前に、彼らは必ず『走前歩行』を行っているのです。

じつはこの『走前歩行』で、かかとが着きそうで着かないまま歩いていくときを細かく分析すると、そこには空中に見えないプレートがあることがわかります。

それは仮想地面のようなものであり、そこに向かって脚が下りようとしています。しかし、そこは実際の地面ではないので、かかとが地面に着くことはありません。そのプレートの厚さの分だけ、かかとがリアルな地面に近づいていく間に、脚がエアワイプしながら体軸がどんどん進み、本当に脚が接地するのは体軸の真下近くの位置になります。これが走前歩行から走りに共通する運動のメカニズムです。

そして、じつは優秀な選手ほど、このプレートの厚みが高いのです。

運動科学では、このプレートのことを「プレランディングプレート」（架空地面）と呼びます。

これは私が1980年代に世界に先駆けて発見・発表した理論で、主な日本の陸上選手で言えば、2008年北京オリンピック・陸上男子4×100メートルリレー銀メダリストの朝原宣治選手に指導した実績があります。朝原選手は、このプレランディングプレートの重要性をよく理解してくれた選手でした。

当時陸上界のナンバーワン選手だった、カール・ルイスのプレランディングプレートの高さを分析し、それを他の選手の高さと比較する研究も行いました。

そのときわかったのは、日本の選手はこのプレランディングプレートが低い、ということです。

それが日本人選手の致命的な欠陥であり、これが陸上、サッカー、バスケットボールなどの走力を大いに必要とする種目での共通する大問題なのです……。

腸骨がリードして股関節を回す

だからこそ、立甲のトレーニングが重要なのです。

立甲が使えるようになると、体幹は格定しやすくなり、脚は自由力を増すからです。これも運動進化論で考えればあきらかで、四足動物は上肢（前脚）でできるパフォーマンスのレベルと、下肢（後脚）でできるパフォーマンスのレベルは完全に一致しています。四足動物が走るとき、前脚も後脚も必ずどちらも走るという運動に参加しているので、四足動物の前脚と後脚のパフォーマンスの質の高さは基本的に同レベルになります。

細かく見ると、肩甲骨が自由度をもって、甲腕一致で前脚の中心になって〝ずれ回転運動〟をしているとき、下半身では骨盤の中の腸骨がその働きをして、同じように〝ずれ回転運動〟をしています。

このとき肩甲骨と腸骨は等価、同じ働きをする、同じ位置づけの骨という相似器官の関係にあります。ゆえに、肩甲骨を使う能力が高い四足動物は、腸骨を使う能力が高く、肩甲骨を使う能力が低い動物は、腸骨の能力も低いという関係性が成り立ちます。

四足動物は、その能力がＤＮＡの段階でできあがっているので、人間もそれを引き継いでＤＮＡとしてもっています。肩甲骨を高い自由度で使えるようになると、必ず骨盤の中の腸骨も高い自由度で使えるようになります。

今日、科学的にわかってきたことですが、優れた選手ほど、腸骨にリードされながら股関節がローテーション運動をしています。ウサイン・ボルトがその代表で、彼は史上もっとも腸骨リードで股関節ローテーションをしている選手です。

立甲は、こうしたことも引き出せるので、腸骨が使えるようになると、必ず重心は高くなって、つま先使いがうまくなり、プレランディングプレートも高くなります。

というわけで、立甲によって肩甲骨、腕使いの改善と同時に、高重心による『走前歩行』の練習を行うと、ふたつの合わせ技でパフォーマンスが飛躍的に伸びることをお約束します。

ただし、日常の歩きに『走前歩行』を取り入れると、とんでもないことになるのでご注意ください。もし、日常の歩きで『走前歩行』のトレーニングを行いたいという選手がいたら、まずかかとの低い靴を選んで、少し歩幅を抑えることを意識してみるといいでしょう。ただし足から下腿が大変に疲労するので、怪我をしないよう気をつける必要があります。

一部のトップ選手に限れば、『走中歩行』の中でかかとを使う、「かかと推進」も併用しているのですが、話が複雑になり過ぎるので、また別の機会（別の書籍）に解説します。

第5章

立甲と甲腕回旋力で「投力」を高める

「ピッチング」の投力を高める

「緩重垂」と「甲腕三回旋投法」

投力＝投げる力と言えば、野球のピッチングがその代表となりますので、それを例題に語っていきましょう。

まずはテイクバック。入る前に肝心なのは、肩甲骨→肩→腕→手→ボールをゆるめて、そこに重みを生じさせ、ぶら～んと垂らすこと。**ゆるめる、重み、垂らす。これを「緩重《かんじゅう》垂《すい》」と言います。必ず、この緩重垂を使うことが、絶対の秘訣です。**

この脱力した腕がぶら～んと垂れさがっているとき、上腕は必要な角度で後方に引き、前腕は垂直に近く垂れ下がった状態です。その状態で後立甲、つまり肩甲骨を肋骨から後方にはがすようにしながら、腕は内旋させます。この時点でも、腕は全体として緩重垂をキープし、垂れていなければなりません。

そこから腕を上の方にもってくるときに、内旋から外旋に変わります。

そのとき、ゼロポジションに近づいてくるようにしましょう。このタイミングではまだ肘は曲がったままでOKです。

そこから、ゼロポジションにもっていきながら、肘関節が伸びていくと同時に内旋していきます。

このような、**①伸展内旋→②屈曲外旋→③伸展内旋という流れが、立甲と甲腕一致、さらには甲腕一致の中の甲腕回旋力が理想的に活かされた投法です。これを「甲腕三回旋投法」と言います。**

こうした投法が完全に体現できているピッチャーはなかなか稀なのですが、身体資源を最大化して使う方法は以上の通りです。

体現者が少ないことからもわかる通り、全体としてこの投法ができるようになるのは、とてつもなく難易度の高いことなので、まずは自分がチャレンジしやすそうなところから、取り組んでみてください。

たとえば、立甲によって必ず肩甲骨の自

■甲腕三回旋投法

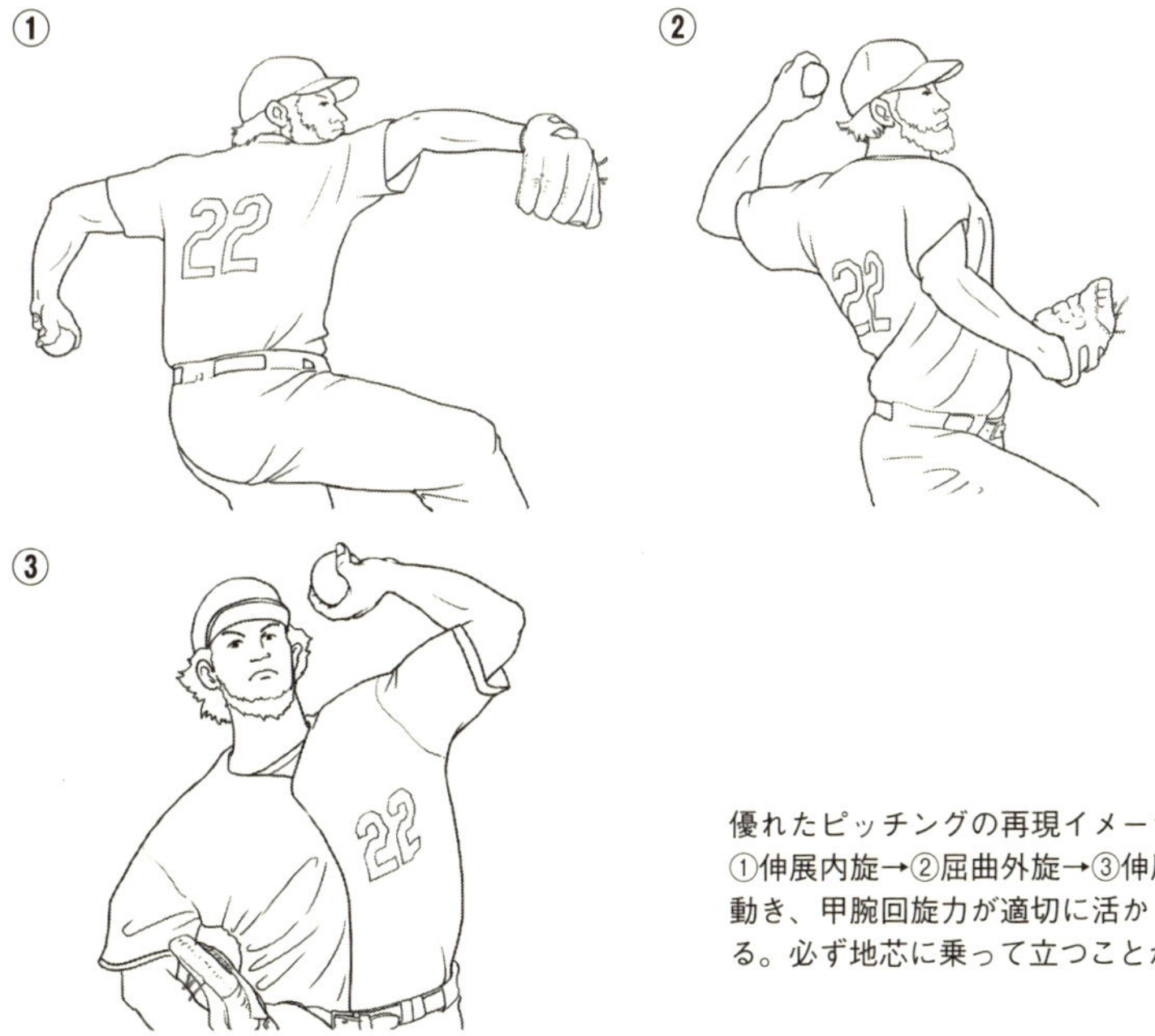

優れたピッチングの再現イメージ。腕が①伸展内旋→②屈曲外旋→③伸展内旋と動き、甲腕回旋力が適切に活かされている。必ず地芯に乗って立つことが大切。

由度を高めたうえで、テイクバックではとにかく肩甲骨からボールまでを緩重垂して、後下方に十分に腕を垂らしたところからスタートする。垂らしたところから、肩甲骨を柔らかく使って肘屈曲のゼロポジションに向かっていくことを意識する。さらに可能であれば、肘屈曲のゼロポジションに近いところから腕を利かせて伸展のゼロポジションに移っていきながら、ボールを投げる……。

こうしたことを意識して努力するだけでも、中学や高校の野球部の選手や、趣味で野球をしているような選手には大いにプラスがあります。

それ以上の高い水準でプレーしている選手の場合は、先に説明したような「甲腕三回旋」まで攻め込んでいくことが必要です。ですが、ここで大事な注意があります。**野球の投球に利用する場合は「甲腕回旋擦法」での回旋度を手で測って90度までにとどめなければなりません。この回旋度を90度以上にすると、甲腕回旋力が強くなりすぎて怪我のリスクが大きくなるので、この制限は絶対に守ってください。**

「スローイン」「チェストパス」の投力を高める

「甲腕二回旋」の動きを習得しよう

また、サッカーのスローインはピッチングとは異なり、伸展内旋を省いた①屈曲外旋→②伸展内旋の「甲腕二回旋」を使いますが、基本的な原理は同じです。

バスケットボールでもっとも基本となるのはチェストパスですが、これも同じです。頭上からボールを投げるのがサッカーのスローインだとすれば、それを胸の高さで行うのがバスケットボールのチェストパスです。

チェストパスも、①屈曲外旋→②伸展内旋の「甲腕二回旋」です。このとき、ボールを胸前に引きつけてきた段階で、肩甲骨は後立甲になるのがポイントです。そして、腕を伸展させるときは肩甲骨から動き始めて、肩甲骨が前立甲になりながら肋骨脇へ滑り込み、ボールを強力な伸展内旋を利かせてプッシュします。

このように立甲→甲腕回旋力を活かした投げ方ができると、下半身の運動や体幹を前に倒したりと、投げる動作に全身を参加させなくても、体幹を屹立したまま強いボールを自在に投げられるようになるのです。

■スローイン は甲腕二回旋

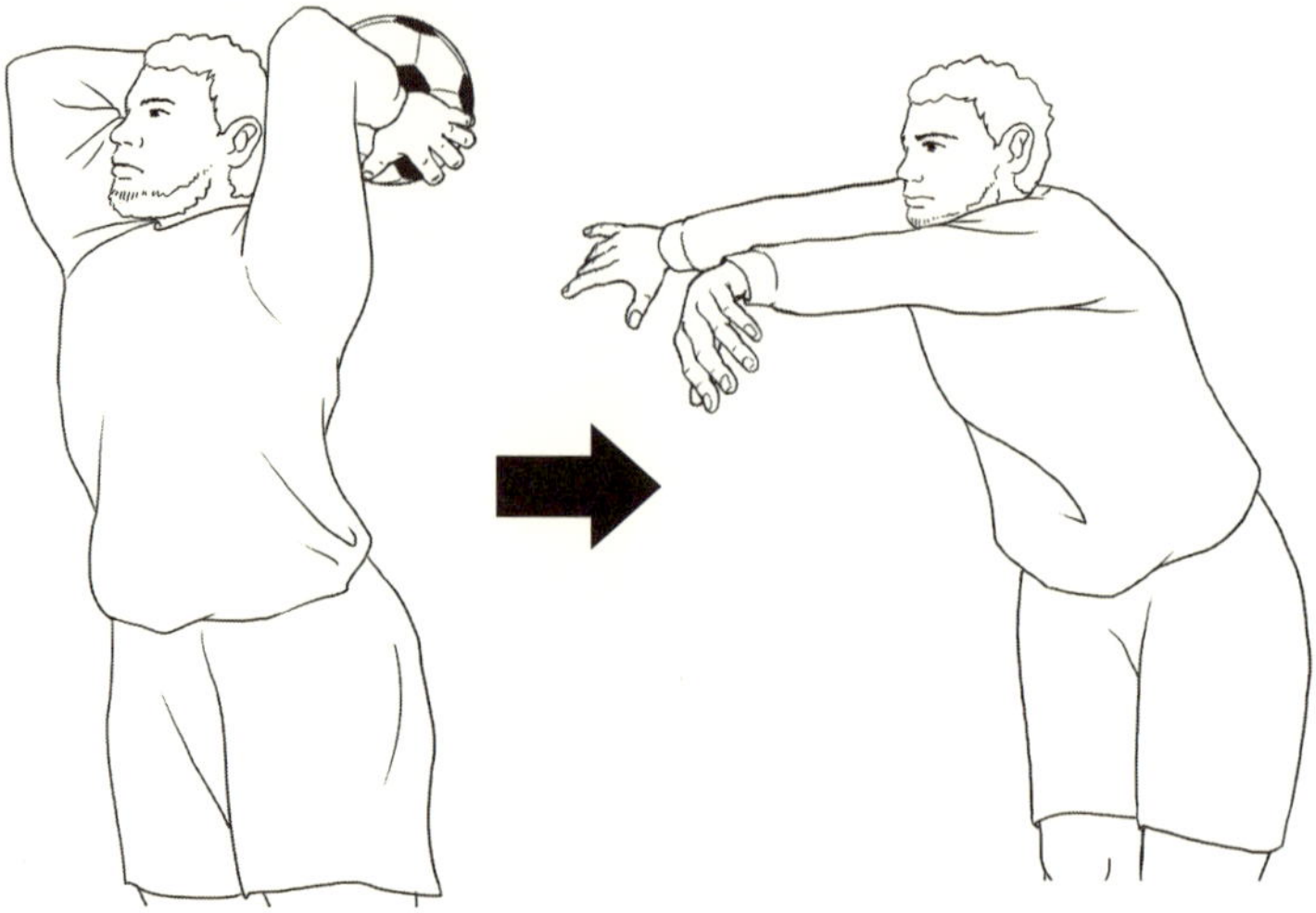

サッカーのスローインは野球のピッチングと異なり、最初の伸展内旋を省いた、屈曲外旋→伸展内旋の甲腕二回旋の動きになる。必ず地芯に乗って立つことが大切。

■チェストパスも甲腕二回旋

バスケットボールのチェストパスもサッカーのスローインと同じく、屈曲外旋→伸展内旋の甲腕二回旋。ボールを胸に引きつけたときに、肩甲骨が後立甲になるのがポイント。必ず地芯に乗って立つことが大切。

結果として、腰から動かすとか、体幹から動かしてパスする必要がなくなるわけです。バスケットボールでこうしたパスができれば、相手選手はまったく反応ができなくなるので、これは大きなアドバンテージになります。また、これらの動きは打撃系の格闘技の突きやパンチにもそのまま応用することが可能です。

投球時に身体のしなりをなくさないために

ただし、やり投げなどはやや特殊な事例となります。

やり投げの場合は、後ろ手の状態で長く外旋し続けるのが特徴ですが、ゼロポジションからのフォワード伸展が強力な甲腕内旋を必要とする点はやはり同じです。立甲を使って肩甲骨をゆるめ、甲腕一致から甲腕回旋へのトレーニングは非常に効果的だと言えます。

これは第6章の「打力」にもかかわってくることですが、右腕を後下方に内旋した状態で緩重垂し、左脚を前に出してみてください。そこから体幹を少し左に軸回転させて、肋骨を前に出そうとすると、肩甲骨と肋骨がはがれることでしなりが生まれ、そこにポテンシャルエネルギーが溜まっていることが実感できるはずです。

ところが、後ろ手を外旋させると肩甲骨が寝てしまい、肋骨と肩関節、腕の間のしなりが失われ、ポテンシャルエネルギー＝いい意味での〝溜め〟がなくなってしまいます。要するに、連動して流れる運動が起きなくなってしまうのです。

だからこそ、やり投げとは違い、野球のようにボールをもつ位置の自由度が高い種目では、後ろ手で後下方でボールをもつとき、必ず内旋（かつ手首腹屈＝手のひら側へ屈曲）になります。そして、手が上に来たときは必ず外旋（かつ手首背屈＝手の甲側へ反る）にならなければなりません。手が頭上に来たときにも内旋のままだと、肩甲骨の動きが固まり止まってしまうからです。

その逆の、下で外旋、上で内旋という投げ方をすると、さらにひどくなり、まったくしなりが失われ、さらには下半身のしなりまでなくなります。

これも第４章で触れた、肩甲骨が自由にならないと腸骨も自由にならないという運動進化論のメカニズムです。

野球の場合、ピッチャーだけでなく、野手にもまったく同じことが言えます。

飛んできた打球をキャッチする。腕を後上方に引き上げつつ屈曲外旋にもっていき、伸展内旋で投げる。

これをものにするためには、十分に立甲→甲腕一致のトレーニングを積み、「甲腕回旋擦法」の「下づかみの顔から肩」（屈曲外旋→伸展内旋）のトレーニングを浅い回旋度（90度以内）で丁寧に行ってください。

前述したように、**深い回旋度で「甲腕回旋法」をすると、野球の投球動作に必要な②屈曲外旋→③伸展内旋の局面で甲腕回旋力が過激なほどに利き過ぎてしまい、肩から肘関節の耐久力を超えてしまう危険性があるので、注意が必要です。**

回旋してもＯＫな範囲は、手で見たときに90度まで、「戻し外旋」で手のひらが真横向

き↑↓「行く内旋」で真下向きです。それ以上、調子に乗って回し過ぎないよう、厳重に注意してください。

上手にできるようになると肋骨から自由脊椎の崩れが減り、優れたメジャーリーガーがそうであるように身体がぶれずに軸が屹立してくるようになります。

第6章

立甲と甲腕回旋力で「打力」を高める

「ゴルフ」の打力を高める

ベースは「両手上内後立甲」

ゴルフは軸と正面が基準であり、はじめに軸の正面に構えたときに腕はちょうど内旋も外旋もしていない状態になっています。角度で言うと、旋度ゼロ（ゼロ旋と言う）になるのが特徴です。ここから押し手はテイクバックで外旋、フォワードスイングで内旋、引き手はその逆というのが、ゴルフにおける甲腕回旋の基本的なメカニズムです。**（159ページのイラストを参照）**

またゴルフの場合、とくに「両手上内後立甲」が正確にできるようになると、テイクバックのときに、非常に滑らかに肩甲骨のリードがとれるようになり、テイクバックの頂点が自然にスパッとしっくりくる、いいポジションに収まるようになります。

そこからクラブをフォワードスイングで振り出したとき、押し手側の腕は肩甲骨が立甲し、肋骨を外前に滑りながら内旋していくので、甲腕回旋擦法の外づかみがよく利きます。一方、引き手側は、肩甲骨が肋骨に対し隙間を保ちつつ、肋骨を背骨に向かって滑りながら外旋していきます。これには外づかみ、もしくは下づかみでの屈曲内旋↓伸展外旋の「甲腕逆回旋擦法」が非常に効果的です。テイクバックからフォロースルーを何回も繰り返して、押し手・引き手各々の肩甲骨と腕の動きを練習してみてください。

押し手は、テイクバックで外旋↓フォワードスイング・フォロースルーで内旋。引き手はテイクバックで内旋↓フォワードスイング・フォロースルーで外旋。また、レフティーのように逆動作でテイクバック↓フォワードスイングを行い、両方向とも練習することをおすすめします。

「甲腕逆回旋擦法」の回旋度については、水平から水平までの180度が基準となります。

■ゴルフスイングにおける押し手と前腕の動き

地芯に乗って立ち、押し手側の腕はテイクバックで外旋→フォワードスイング・フォロースルーで内旋。引き手側は、テイクバックで内旋→フォワードスイング・フォロースルーで外旋となる。

「野球」の打力を高める

プレインパクトポイントを作る

スイングする軌道の高さは違いますが、野球も根本は同じです。しかし野球は、押し手側甲腕の動きはテイクバックで外旋→フォワードスイングで内旋するのですが、前腕は外向きの軸回り運動である回外をしてインパクトをむかえ、フォロースルーで一気に回内が加わり、さらに深い内旋へと移行していきます。引き手ではちょうど逆の運動が起きます。そのため、「両手上内後立甲」と「両手下内前立甲」のトレーニングが有効です。

体幹を屹立させた「両手下内前立甲」ができてくると、ボールをきちんとおへその前でとらえられるようになり、インパクトゾーンも広がります。

第4章の「走力」の項で、「プレランディング」の話をしましたが、ここから先の野球の打撃の話は、プロかアマチュアトップ向けの話です。そのつもりで読んでください。**極めて高度な打撃の場合は「プレインパクト」が重要となります。**

じつは野球のバッティングなどの打撃運動では、インパクトの瞬間、力を抜いた方がボールに大きな力が伝わるようになっています。もう少し専門的に言えば、運動量が移動

しやすくなるのです。高校の物理で「運動量保存則」を学ぶときに行うコインの衝突実験のように、スイングしてきたバットの運動量が、そっくりボールに移動するためには、逆に腕の力を抜いた方がいいのです。

そのためには、実際のインパクト（リアルインパクト）の数センチ手前に「プレインパクトポイント」が必要なのです。

これはもっとも力が集中した瞬間ですが、このことをさらに感覚的に言えば、プレインパクトポイントに力が集中した瞬間に一瞬バットが止まり、そこにボールが吸いついて来て凹み、次の瞬間には力の解放とともにボールが跳ね返る感じでしょうか。これがひとつの「プレインパクト」の理想形です。

■バッティングにおける押し手と前腕の動き

①

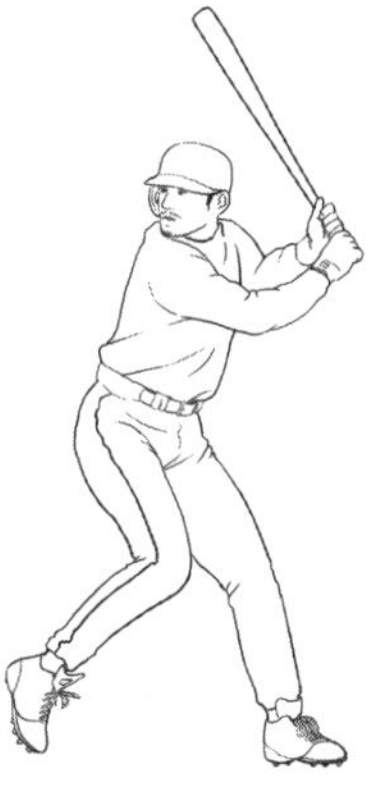

②

③

地芯に乗って立ち、押し手側の甲腕はテイクバックで外旋→フォワードスイングで内旋しながら、前腕は回外してインパクトをむかえ、フォロースルーで前腕回内が一気に加わり、深い内旋へと移行する。

「卓球」の打力を高める

フォアハンドは「両手下外後立甲」と「甲腕回旋擦法」が役立つ

次に卓球の打ち方について考えてみましょう。

卓球のフォアハンドの打ち方は「両手下内後立甲」の内旋位を外旋位に変えた方法である「両手下外後立甲」と、「甲腕回旋擦法」が役立つ典型的なケースのひとつです。

肘は半ば伸展させ、その半ば伸展外旋から内旋に移行しつつ「プレインパクト」をむかえ、「リアルインパクト」からフォロースルーにかけて、さらに伸展内旋が加わることでボールに強力なスピードとドライブがかかります。

さらに、「甲腕回旋擦法」としては、外づかみで屈曲外旋→伸展内旋を繰り返し磨くことが重要です。

バックハンドの場合は、反対に「両手下内後立甲」を使います。内旋気味から外旋へ。先ほどとは逆に、「甲腕逆回旋擦法」屈曲内旋→伸展外旋を丁寧に繰り返し練習してください。

■フォアハンドにおける腕の動き

優れたフォアハンドのイメージ。肘が半ば伸展外旋から内旋に移行しながらプレインパクトをむかえ、リアルインパクトからフォロースルーにかけて、さらに伸展内旋が加わり、スピードとドライブが増す。必ず地芯に乗って立つことが大切。

「テニス」の打力を高める

甲腕回旋力のトレーニングを積む

テニスのトップスピンでは、「上内後立甲」が正確にできるようになると、テイクバックできちんと肘が上がるようになり、ラケットが後下方に移るときに、甲腕は屈曲内旋↓伸展外旋に移っていきます。ここは外旋位の「下外後立甲」が役つのです。また、甲腕回旋力のトレーニングも、「下づかみ甲腕回旋擦法」を集中的に行うのがベストです。

上級者しか打てないような本格的なトップスピンも、このトレーニングをやり込むことで、驚くほど的確に体現できるようになるはずです。

甲腕回旋力の練習で言えば、「戻し外旋⇅行く内旋」の繰り返しです。

また、テニスのサービスでは、甲腕が伸展内旋↓屈曲外旋↓伸展内旋という流れになります。少し上に突き上げる動作が入る点が違いますが、基本的には野球のピッチングと共通するので、同じ「前後立甲法」「甲腕回旋擦法」が役立ちます。また、野球のピッチングより大きく、甲腕回旋度を180度まで広げてトレーニングすることができます。

■トップスピン

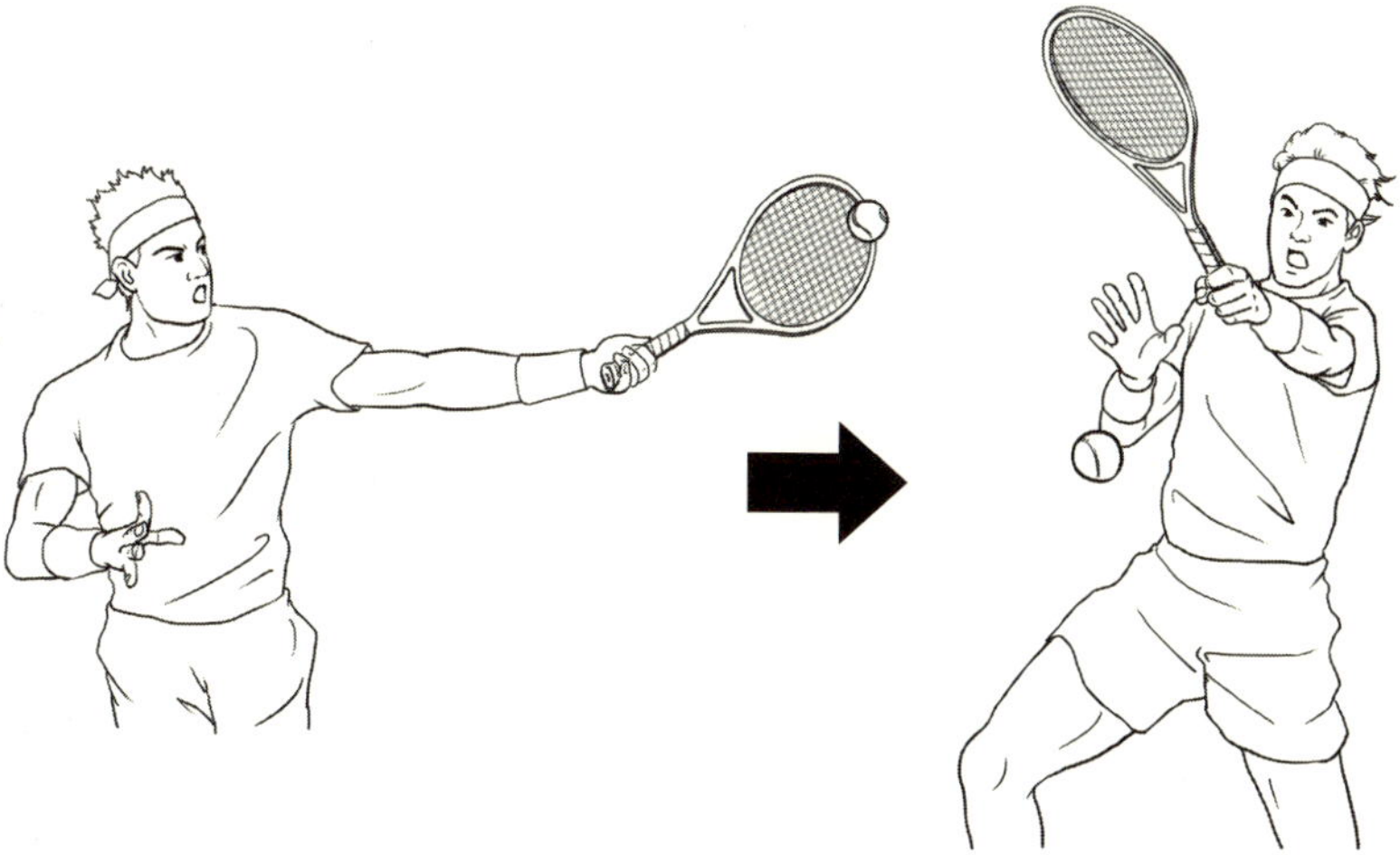

上内後立甲ができるようになると、テイクバックで肘が上がるようになり、ラケットが後下方になるとき、甲腕が屈曲内旋から伸展外旋に移っていく。必ず地芯に乗って立つことが大切。

■サービス

甲腕は伸展内旋→屈曲外旋→伸展内旋という流れになる。基本的には野球のピッチングと同じ流れ。必ず地芯に乗って立つことが大切。

「パンチ」の打力を高める

フック系は「戻る外旋→行く内旋」

武道・格闘技の突き動作を強化するには、「立甲開発法」で十分に立甲を開発しつつ、「甲腕回旋擦法」の「外づかみ」を脇からへその位置にかけて、屈曲外旋⇅伸展内旋を繰り返すことに尽きます。これで腹部への中段突きは完璧です。

もうひとつ、肩口から顔面へ。「下づかみ」での「甲腕回旋擦法」屈曲外旋⇅伸展内旋。これは、そのまま上段突きの最高の強化法になります。

せっかくですので、フック系、ボディブローの方法もお教えしましょう。

フック系は、肘の屈曲を活かしたパンチなので、深屈曲外旋→半屈曲～浅伸展内旋です。「戻る外旋→行く内旋」をさまざまな肘屈曲～伸展位で行う工夫をする。これで凄まじい威力をもった自由自在のフックになります。

また反対に、深屈曲内旋⇅半屈曲～浅伸展外旋の「甲腕逆回旋擦法」をひたすら行うと、アッパーが完成します。

■フック

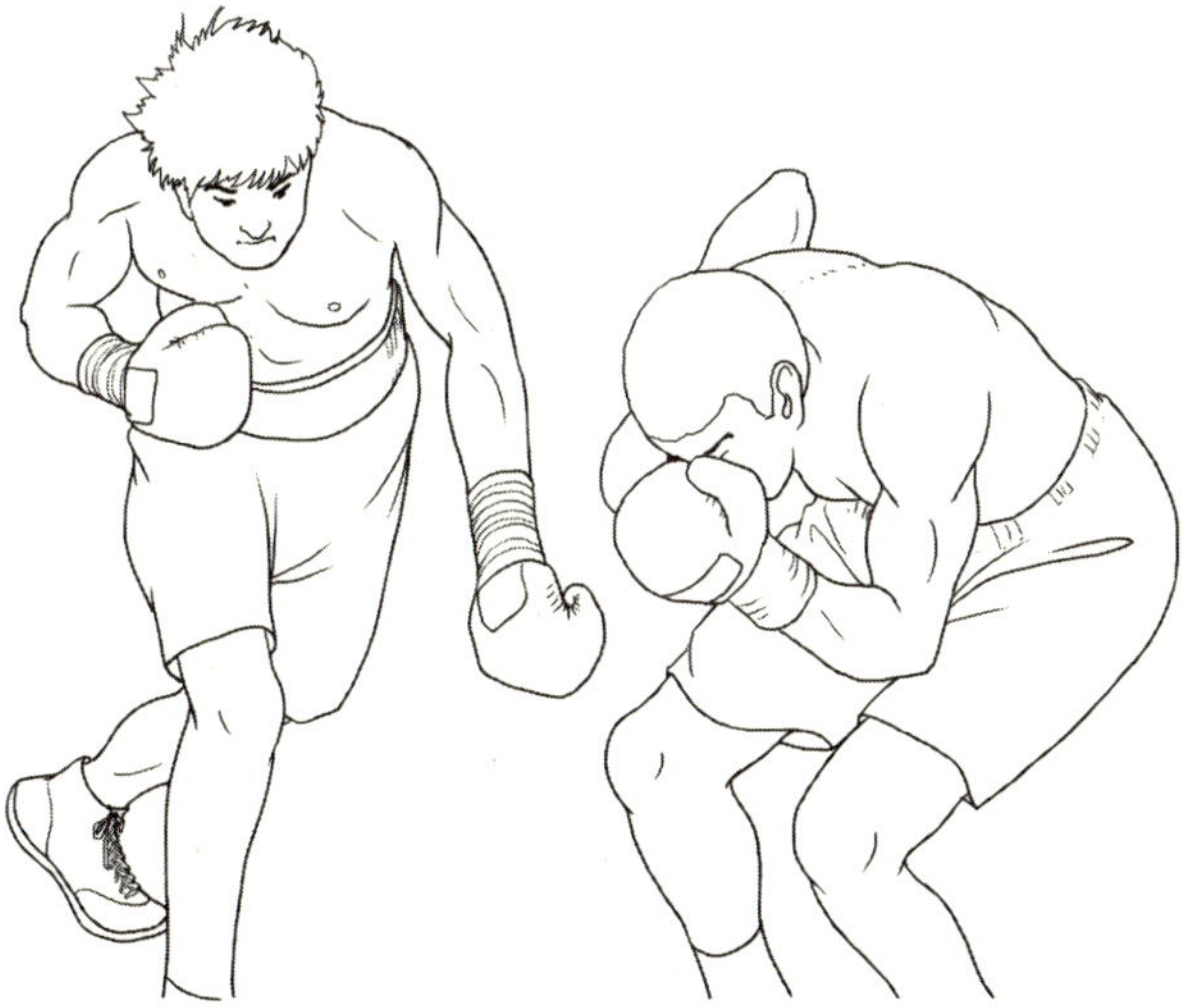

フックは肘の屈曲を活かしたパンチ。深い屈曲外旋→半屈曲〜浅伸展内旋という流れで甲腕が動いていく。必ず地芯に乗って立つことが大切。

■アッパー

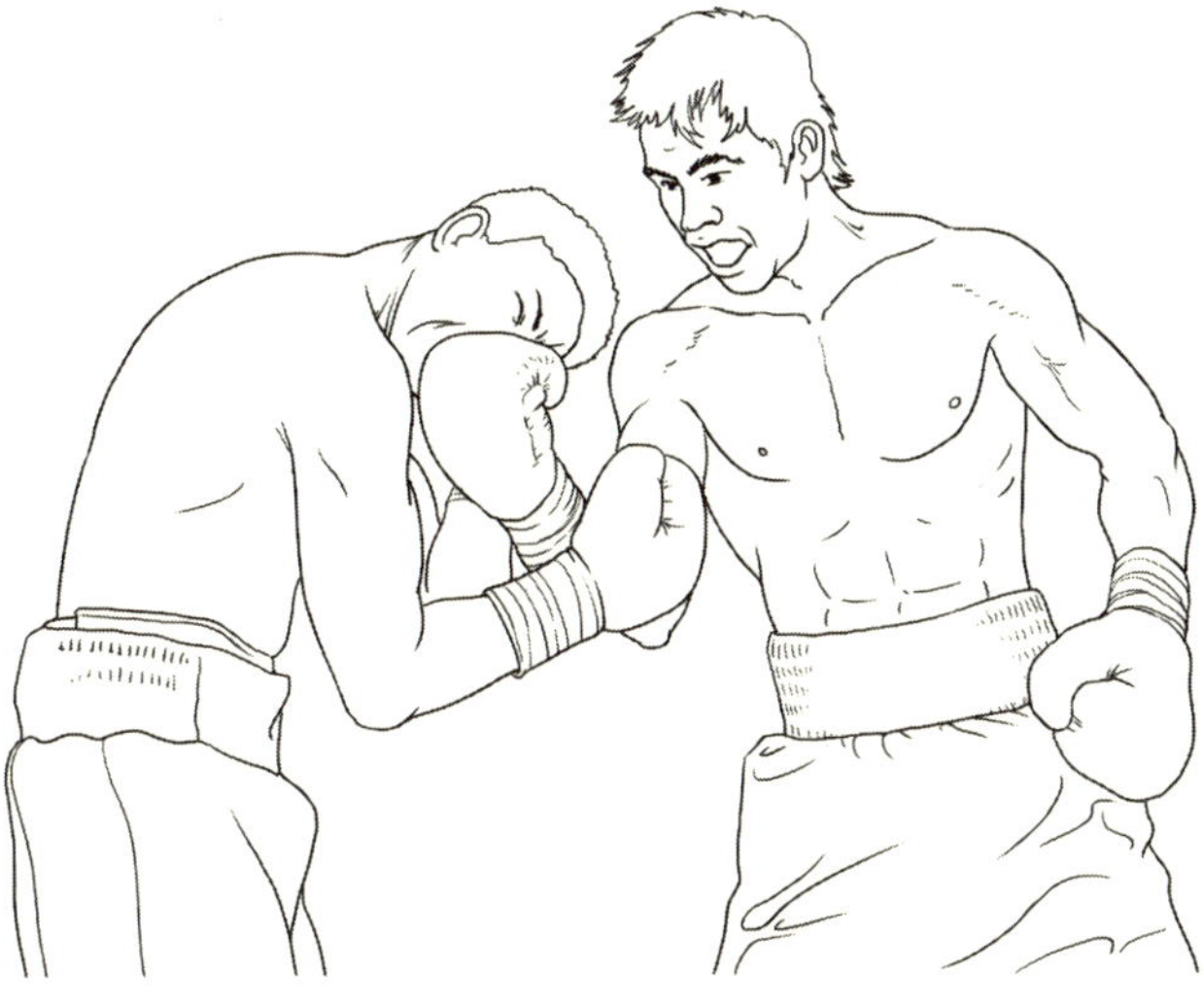

アッパーは下から上に打つパンチのため、フックとは逆の流れ。甲腕は、深い屈曲内旋→半屈曲〜浅伸展外旋という流れで動く。必ず地芯に乗って立つことが大切。

肘のスナップはもう古い

〝緩解〟と〝さすり〟が新たな扉を開く

すべてに共通することは、甲腕回旋力と、そのための甲腕回旋擦法です。

手首・肘のスナップを利かせるという教えは、もう過去のモノだと言わざるを得ません。**大事なことは、肘から手首までを柔らかく密着してさすりながら回旋することです。このさすりこそが、決定的なカギを握っています。**

さすることによって、神経回路が強力に開発されるからです。神経回路が実際に増えるぐらいですから、脳神経系においては、新しいプログラミングが凄まじい勢いで構築されます。器質的に神経回路が増えるほどなので、機能的には一気に開発が進むのです。

これは、本章で紹介したトレーニングを正しく行ってみれば、すぐに実感できることです。みなさんも、甲腕回旋擦法のトレーニングの直後に、各種打撃の素振りなどを行ってみると、その場で鮮やかな動きが実現できて、驚かれたことでしょう。

それらが証明するように、真のトップアスリートだけが到達している領域と同レベルの脳のプログラム、脳神経回路をその場で開かせ体験することが可能なのです。

その代わり、その効果はトレーニング後、長くて十数分で失われてしまいます。では、この時間限定の臨時プログラムを、脳に定着させるにはどうすればいいのか？

それは繰り返し繰り返し、立甲と甲腕回旋力のトレーニングを正しく行うことです。何度も何度もレベルアップしつつ刷り込んでいくことで、確実に、とても強力なプログラムが脳内にできあがるのです。

そのすべてのキモは、立甲系ではゆるめ解きほぐす〝緩解〟、甲腕回旋系では〝さすり〟にあります。この〝緩解〟と〝さすり〟こそ、脳と身体の閉じている扉を開けるカギなのです。

なぜ、〝緩解〟と〝さすり〟は効果が大きいかと言うと、我々の先祖が魚類の時代は生きている全時間を全身で〝緩解〟しながら〝さすり〟続けていたからです。

魚類は体幹（これが魚類の全身）を常にクネクネ波動させることで緩解しながら、同時に、水にさすられて暮らしていたわけですから、その流れを汲んでいる我々の脳も、ゆるめ解きほぐし、さすられることで、眠っていた深い機能を呼び覚ましてくれるのです。

これも、極めて重要な運動進化論による考え方です。

第7章

立甲と甲腕回旋力で「蹴力」を高める

「キック」の科学的分析は遅れている

インサイドキックは「Tキック」と「Tクロス」に分類

ここで取り上げる蹴力は、専門的な技術で言えば、サッカーのインステップキック、インサイドキックのことを指します。

しかし、空手や拳法などの蹴り、キックボクシングのキックなどにも、本質的には役立つ内容が満載なので、サッカー以外の分野で「蹴る」スキルを磨いている方も興味をもって読み進んでみてください。

サッカーに限っても、試合中にはさまざまな形態のキックが見られ、実際には、名称がついていないキック、名前のつけようのないキックもいろいろな場面で見受けられます。しかし、使用頻度、登場頻度が多いキックは、インステップキックとインサイドキックです。

インステップキックは、シュートをミドルレンジ、あるいはロングレンジで蹴るときに多用されるキックです。また、ゴールキーパーが味方にロングパスを蹴り返すときも、インステップキックがよく使われます。

つまり、サッカーの蹴りの技術の中では、もっとも蹴力が高く、圧倒的なスピードと飛距離を誇る蹴り方です。

インサイドキックは、ボールを味方にパスするとき、もっとも基本となる蹴り方です。

このインサイドキックについては、世界のサッカー界でも分析が進んでいない状況にありますが、**私はインサイドキックにはふたつのタイプがあると考えています。**

ひとつは近距離で、ボールのスピードは低くても、高い正確性を誇るインサイドキックです。この種のインサイドキックでは、足をTの字にして、その形を堅持したままボールをとらえて蹴り終わるので、これを「Tキック」と名づけました。

もうひとつはインサイドキックの中でもパワーのあるキック、つまり、スピードも飛距離もかなり稼げるキックです。これはTの字から入って、後半は脚を蹴る方向に流すことで脚の大きな運動量をボールに移し込む蹴り方なので、「Tクロスキック」略して「Tクロス」と呼んでいます。

この「Tクロス」を細かく言うと、足をTの字＝自分の蹴る方向に対して直角にした状態から蹴り始め、後半は蹴りの方向に脚を内旋させていき、さらに勢いがある場合は、蹴ったあと、脚が内側に回り込んでしまうような蹴り方です。

別の言い方をすると、Tの字の縦線をボールの運動方向、横線を脚のインサイドのラインと見なすと、Tの字の横線をキープし切る「Tキック」に対し、横線を越えて脚のインサイドが横線とクロスした状態まで脚をもっていく、この蹴り方は科学的な意味でも「T

クロス」という名称が、もっともふさわしいと考えています。
インサイドキックを、このふたつに分類すると、面白いことが見えてきます。

多くのJリーガーも習得できていない「Tクロス」

まず、サッカーのほとんどのパスが、この2種類のキックのどちらかで行われていることがわかります。近距離でスピードが求められていないときは「Tキック」、遠くにスピードのあるパスを送る際、あるいは近距離でも飛び切り速いスピードを要求されているときは「Tクロス」で、9割以上のパスが、このどちらかの蹴り方に集約されています。

ということは、「Tキック」と「Tクロス」の2種類のキックのスキルを高めておけば、パスについては大変に優位になるということになります。

もうひとつ大事なことは、「Tキック」という概念が生まれて、その正確な方法がどのようなものかがわかってくると、「Tキック」が上達するのはもちろん、「Tクロス」も「Tキック」の派生型なので、同時に上手になってくることです。

これまでは、「パスのキック」という大雑把なくくりで、なんとなくごちゃごちゃにされてきて、私のような科学者からすれば、「なぜ、整理しないまま放ったらかしにしているのだろう?」と不思議になるほど、サッカー界では混乱状態が続いてきたわけです。

その結果、インサイドキックについては、Jリーグからその下部リーグまで、より基本的な「Tキック」がきちんとできない選手が散見される現実が、放置されたままになっているということです。

さすがにJリーグの選手になると、その割合はかなり少なくなりますが、下部リーグではそうした選手は珍しくはありません。

さらに「Tキック」はできても、十分な「Tクロス」ができない選手となると、Jリーグでもかなりの数を確認できます。

「Tキック」も「Tクロス」も、圧倒的に多用されるパスの蹴り方であり、使用頻度90パーセント以上のパスキックですから、プロのサッカー選手であれば、本来、どちらも完璧に近いレベルでできなければならないはずです。

しかし、現状を見る限り、日本のサッカー選手でどちらも完璧にこなせる選手は数少ないと言えます……。

こうしたことを考えると、インサイドキックを科学的にふたつに分けて整理したことは、予想以上に必要な仕事だったのかもしれません。そういう意味で、サッカー関係者の方は、ここから先を楽しみに読み進んでください。

強力な「球軸」を作る

「ケツ下」でボールをとらえられない日本人選手

さて、ここからが本題ですが、「蹴力」を高めるために必要なことは3つあります。

有名なサッカー漫画『キャプテン翼』の中で、「ボールは友達」というセリフが出てきますが、私に言わせれば、友達＝自分以外の人ではダメなのです。自分＝ボール、自他未分の領域に達しないと、サッカーという種目において、トップレベルのパフォーマンスを身につけることは不可能です。

ゆえに、他の競技以上に圧倒的な軸が必要になります。サッカーに限らず、スポーツ全般で、「軸が大切」とよく言われますが、その代表とも言えるフィギュアスケートのジャンプの着地の際に軸が注目されるのは、単純に軸の存在がわかりやすい運動だからに過ぎません。

その点、サッカーはもっとも軸がわかりにくい種目のひとつですが、反対に、その重要性はフィギュアスケートにも勝ります。

では、サッカーでは、どのような軸が必要になるのか？　それは、自分の身体を貫く軸が同時に常にボールの中心をとらえながら、さらに同時に地球の中心（地芯）まで完璧にとらえきれる軸です。

サッカー界では、「ケツ下でボールをとらえろ」という有名なフレーズがありますが、日本の選手は、この能力に関して、世界のトップ選手と比べると、圧倒的に見劣りしています。

日本人選手は「ケツ下」ではなく、もっと前でなければ、ボールをとらえることができません。

彼らはディフェンスが離れて、フリーになっているときでも、「ケツ下」でボールをとらえることがなく、ディフェンスにマークされると、自分の身体の前でしかボールを確保できないので、ボールを後ろに運び、自分自身も後ろを向く傾向があります。

サッカーファンなら、よくご存知でしょうが、日本選手がきついマークを受けると、すぐに後ろを向く理由はここにあるのです。このマーク→後ろを向く回数をカウントすれば、その選手がいかに「ケツ下」でボールをとらえられていないかがすぐにわかります。

一方、「ケツ下」でボールをとらえられると、どのようなメリットがあるのか？　ボールを中心として前側はもちろん、後ろでも、左右でも、2本の脚をどこの位置でも使うことができます。こうなると、ボールを奪いに来たディフェンスにとって、ボールまでの間合いは必然的に遠くなります。そのため、より積極的にボールを奪おうとすると、無理に詰め寄っていかなければならなくなり、こちらはわずかな動き（半歩ないし一歩）でディフェンスをかわすことができ、さらに余裕のあるドリブル・パス・シュートによる戦局の展開ができます。まさに武道・武術が重視する、間合いの要素が出てくるわけです。

立甲がボールを体軸でとらえる感覚を養う

こうした「ケツ下」でボールをとらえ、「ケツ下」にボールがある状態こそ、じつは「球軸」が通っている状態なのです。

自分の体軸の真下で、ボールにも地芯にも軸を通しながら扱うことができるので、どの方向でも正確な体移動やボールコントロールができるのです。

ボールが身体の真下、一番近いところで動かせるので、浮かせることも自由自在、浮かせた直後にどの方向に動かすかも自由自在になります。

さらに、相手との間合いが遠いので、相手の脚が届くまでに時間的余裕があり、相手の脚の動きを十分見ながらかわすこともできるのです。

メッシやクリスティアーノ・ロナウドなどは、まさにその典型です。「球軸」が備わっている彼らは、いつでも「ケツ下」でボールをもっているので、2~3人のディフェンスに、非常に密着した状態で取り囲まれてもへっちゃら、そのディフェンスの裂け目をあっさり見つけます。そして、相手の脚が伸びてくるまでに、余裕をもってボールを浮かせながら抜き去っていく芸当ができるわけです。

このことと、キックの話は関係ないように思えるかもしれませんが、こうしたパフォーマンスとキックに必要な「球軸」とは、まったく同じものです。
というわけで、これから「球軸」の考え方を解説していきますので、サッカー関係者はぜひトレーニングに取り入れてください。（なお、「球軸トレーニングメソッド」自体は、拙著『日本人が世界一になるためのサッカーゆるトレーニング55』（ＫＡＤＯＫＡＷＡ）で勉強してください）

また、「球軸」と「立甲」には直接の関連性があるのか、という疑問があるかもしれませんが、**「立甲」ができている選手は、肩甲骨が肋骨に対してフリーになるので、体幹が確保しやすくなります。体幹を確保するということは、身体の中心に軸が通りやすくなることを意味します。そして、軸が通りやすくなると、「ケツ下」でボールを扱うことができるようになります。**

したがって、「立甲」から甲腕一致、甲腕回旋力のトレーニングをしながら、本章で紹介するキック時の球軸のとり方と「球軸トレーニングメソッド」を併せて練習するようにしてください。身体はひとつですから、両側から攻めた方がより早く効果が出ますし、身体もボールも必ず自分のものになりますので、騙されたと思って、積極的に取り組んでみてください。

爆発のインステップキック

体幹がボールを追い越しながら〝とらえ運ぶ〟

超強力で正確なインステップキックのスキルを磨く方法を解説していきます。

これを体現するためには、強力な球軸が不可欠です。自分自身の軸をしっかり通すだけでなく、自分の中でボールの中心をとらえていないと、いいキックができないのは当然だからです。

強力なインステップキックを蹴るには、ボールを転がしながら駆け寄っていって、最後はボールに詰め寄ってキックを行います。

その瞬間は、典型的にボールが足元にあるわけです。

一瞬、ボールが前にあるような状態でないとインステップキックはできないと信じて疑わず、「ボールは前でとらえるもの」と思い込んでいる日本人選手は多いようですが、はっきり言って、それは誤解です。

強烈無比なインステップキックの正しい方法は、前でとらえるように見えながら、じつはボールサイドまで脚を踏み込んで、まさに「ケツ下」を越して、ボールの真上よりさら

に先に体幹を運びながら、ボールをとらえ、運び、蹴り放つのです。

ゴルフの場合、ゴルファーがテイクバック時に少しだけボールより後方に身体を運び、そのあと体幹がボールの方向に移動しながら、ヘッドが遅れてきて、地面で静止しているボールをとらえます。この瞬間、体幹はすでにボールの位置を越えています。

このゴルファーのスイングとまったく同じで、**サッカーのインステップキックも、体幹がボールを追い越しながら、とらえ運ぶのが理想です。**

日本の選手は悲しいことに、これがなかなかできないというのが現実です。

■インステップキック

優れたインステップキックのイメージ。ボールの横に軸脚を踏み込み、ボールの真上より前方に体幹を運びながらボールをとらえ、大きく深い甲腕回旋を使い、強烈なインステップキックを生み出す。必ず地芯に乗って立つことが大切。

立甲で体幹を格定させることがポイント

その理想的な威力あるインステップキックを体現するために、立甲、甲腕一致、甲腕回旋力をどう使えばいいかを、ここから丁寧にレクチャーしていきましょう。

まずは右脚のインステップキックから。

前提として、蹴る前に「甲腕腕振り」を使います。メッシやクリスティアーノ・ロナウドは、正確で大きな「甲腕腕振り」からインステップキックに入っていきます。日本人選手とはこの時点でかなりの違いが見られます。

ここでは、ボールはまだ少し前にあるように見えますが、さらにそこから踏み込みますので、キックに入るときにボールはちょうど体幹の真下、さらにボールをとらえ運ぶときには、体幹はボールの前、ボールは体幹の後にあります。

さらにキックに合わせ、体軸を中心に下半身はどんどん左にずれ回転していきます。上体は逆にどんどん右にずれ回転していきます。

この体幹の前進力と強いずれ回転こそ、強いキックのキモであり、どこまでも深く、身体のパーツを分化して、そのすべてのパーツをずれ回転の中でどれだけ使い切れるか。それが何より重要です。

身体のすべてのパーツをずれ回転の中で使い切るためには、腕振り＝肩甲骨から腕が強力に振られる必要があります。この強力に振られることの必要性も、日本のサッカー選手はまだわかりきっていないようです。「振ったほうがいいんだろうな」という程度の認識にとどまっていると言っていいでしょう。

本書の第4章「歩力・走力」の項でも、「走るときは、腕振りを極める必要がある」と記しましたが、歩き・走りに関しても、一般的には「腕をちゃんと振ったほうがいい」と漠然と思っているレベルでしかないのとまったく同じか、それ以下の理解程度なのか……、サッカー界の現状はどうでしょう?

では、理想的なインステップキックにおける、腕振りはどういうものなのか?

右のインステップキックの場合、蹴りに入る初動は右側が前立甲、左側が後立甲になります。

内旋外旋で言えば、前は甲腕内旋、後ろも甲腕内旋です。つまり、両甲腕内旋状態から入り、蹴り動作とともに勢いよく振られていき、前上にあった右腕は振られながら後ろ下に内旋していきます。内旋から内旋です。

左腕は、下後ろから前上に向かって内旋していきます。

要するに、右腕も左腕もどちらも内旋の動きです。

上下の動きで言えば、右腕は上から下へ、左腕は下から上へとクロスしながら、甲腕はずっと内旋の状態をキープし続けるわけです。

これを「クロス甲腕内旋」と言います。大変に重要な概念なので、覚えておいてください。強力なインステップキックは、「クロス甲腕内旋」です。

順番としては、第4章の走りにおける「甲腕腕振り」が、より基本的な運動になります。それがわかってきたら、この内旋状態と上下の関係を意識して、それを思いきりクロスさせながら、内旋をキープするように振ってみましょう。

振り出す前の甲腕は左も右も内旋しています。それをクロスしつつ、そのまま振ってください。そうすると軸周りで最大の回転力が生まれます。

歩き・走りの項でも説明した通り、腕を後ろに振ったときに、腕を外旋させると、肩甲骨は閉じてしまいます。肩甲骨が閉じると同時に、体幹が一瞬で固まって、体幹の回転力がたちまち失われてしまいます。

もしかすると、「外旋したら肩甲骨が肋骨にくっつくので、肋骨も一緒に動いて、もっといい軸周りの回転運動になるのでは？」と考える読者も一部にいらっしゃるかもしれませんが、これも第4章で解説した通り、肋骨も一緒に動くと体幹の崩れを起こします。

体幹はきちんと格定され、ひとつのフレーム構造として剛性を保っていることが、いい動きを生む大前提です。それが壊れてしまっては元も子もありません。

体幹が崩れることで軸が崩れてしまいます。軸が崩れれば、当然、キックの精度は失われます。さらに、自分の身体が崩れたような状態では、決して最大の筋出力は出せないので、十分なパワーも発揮できなくなります。

このように、正確さとパワーの両面で失うものが大きいので、**肋骨・体幹は確実に格定**

させながら、軸回転力を生むことが肝心なのです。

そのためには、後ろに引いた右側の肩甲骨を後立甲で肋骨からはがしながら、肩関節から その周りの筋肉を十分後ろにもっていく必要があります。そうすると、肋骨をキープしつつ、大きな甲腕全体の質量が後ろに移動するので、例の「内的運動量の一致」により、右の上体が後方への大きな運動量をもつことで、右脚は腸骨・股関節と一体となって大きな運動量をもって前に進むことになります。

それが、あの強大なキック力の源になるわけです。

このとき、左甲腕はそれをさらにサポートする仕事を受けもっています。左甲腕も、前上方に振り抜いたときに内旋状態で手のひらが後ろ下方を向いていけると、肩甲骨は肋骨から自由に、肩関節と一緒に十分に右回転してくれます。ところがそれを外旋させ、手のひらを少し下方→上方に向けてしまうと、肩甲骨が肋骨にピタッとへばりついて、回転力は失われてしまうのです。

この腕の内旋・外旋の違いによる蹴力の差は決定的で、腕を外旋させてキックする癖のある選手は力強く、正確にキックすることができず、試合中、特徴的な動きをします。

それは何か？　そうした選手は、自分自身の蹴力のなさを直感的に自覚しているので、大事な場面でボールを蹴ることができなくなるのです。

ワールドカップやその予選の試合を見ていると、日本人選手は「なんで、ここでシュートを打たないの？」と不思議に思う場面が多々あります。

反対に、世界の一流選手たちは「なんで、こんなところからシュートできるんだ！」と思うようなミラクルシュートを打ってきます。

彼らと日本人選手の差は、ずばりここにあったのです。日本人選手は、蹴力がないのをわかっているので、蹴りたくても蹴れない……。これが日本サッカー界の現状なのです。蹴っても軸と体幹が弱く肩甲骨が使えないので正確さと力強さがなく、飛ばない。さらには蹴ったあとの体勢も、軸と体幹が崩れて、フォロースルーがうまくいかない。蹴ったボールが100パーセント、ゴールに入ればフォロースルーを考えなくてもいいのですが、サッカーはなかなか点が入らないスポーツです。

したがって、シュートをした後、その選手がどこに動くかによって、全体に大きな影響を与えます。ディフェンスをさらに崩すような動き方ができると、ゴールが決まらず、ボールがこぼれたとしても、それを味方の選手、ときには自分自身が次のシュートにつなげていけるので、やはりフォロースルーも大変に重要なのです。

というわけで、立甲を使って体幹を格定し、正確でパワフルなキックをできることが、トップ選手の大きな条件になってきます。

足裏全体をフラットに使う

もうひとつ、いいインステップキックを決めるには、股関節横の中臀筋、大腿横または斜め前の大腿筋膜張筋、腸脛《ちょうけい》靭帯、外側広筋《がいそくこうきん》を柔らかくすることも重要です。

普段からここをよくさする習慣をつけてください。より積極的には、専門的なゆるトレーニング「膝クル」（250ページで紹介）を取り入れるといいでしょう。
キックの際は当然、片脚立ちになります。その脚は相当強力に全身を支持できる脚でなければなりません。2本の腕＝甲腕と蹴り脚で非常に大きな力を発揮するわけですから、衝撃力でいえば700〜800キロに相当すると言われています。一瞬でそれだけの力を発揮するということは、それを支える軸脚は、本当に強くなければいけません。

そのためには、脚にセンター＝軸が通ることが大切です。日本人選手はこの軸が弱く、側腰から外腿が固いので、軸をきちんと通せないでいるのです。

蹴るときは、脚が軸・体幹に対して内旋するのがいいキックには欠かせないのですが、側腰、外腿が固いと、その内旋ができません……。

足裏は脛骨の直下点、つまり足裏全体のより内側に軸が通って、足裏が全体としてフラットに使えるのが理想です。しかし、多くの日本人選手は、足裏の内側ではなく、小指側に体重が乗って足裏をフラットに使えていません。そのうえ、側腰、外腿が固いので、体幹がボールの手前に残ってしまい、身体を使い切る動きができないのです。

だから、日本人選手のキックは身体使いが浅く、十分に深いところまで身体を使い切っていくことができないのです。

それは、この軸脚の問題も大きく影響しています。

インサイドキック

手先を「外旋」から「内旋」させる

インサイドキックは、典型的に軸でアタックするキックです。この軸でアタックする感覚を有していない選手は、インサイドキックはうまくなりません。

脚で打つのではなく、軸で打つ。これが一番の秘訣です。

そのために立甲と甲腕一致、甲腕回旋力をどう活用するのか？

ビックリするかもしれませんが、**インサイドキックの「Tキック」では体幹を止めて、腕は外旋させ、あえて肩甲骨を肋骨にくっつけるのがポイントなのです。**

「Tキック」のように、脚を外旋（解剖学的に正確には回外内旋）させるためには、じつは腕も外旋させる必要があるのです。

これは正しく使えば片手でも効果があるので本当に短いパスを蹴るとき、右足で蹴るなら、右手を少し外旋させるだけでＯＫです。

わずかでも、甲腕の外旋力はインサイドキックに役立つということを覚えておいてください。

そして慣れてきたら、手先が一見外旋しているようには見えないぐらいの巧みな外旋の使い方もできるようになってきます。

一方、「Tクロス」はどうするのか?

勘のいい読者はもうお気づきかもしれませんが、「Tクロス」では、外旋で途中まで動いて、後半に内旋を使います。

外旋から入って後半に内旋へと変わることで、蹴り脚側の腰が深く入って、体幹も前方にいい勢いで乗っていき、脚はTの字からどんどん内旋してクロスしていきます。

だから身体は正直なのです。上半身で行っていることは、下半身とこうした対応関係になるようにできているのです。

このような上半身と下半身の対応関係については、まだ世界的に優れた研究が蓄積されていません。正直、非常に遅れている

■インサイドキック

優れたインサイドキックのイメージ。腕を外旋させ、肩甲骨を肋骨にくっつけて、脚を外旋させているのがわかる。必ず地芯に乗って立つことが大切。

■膝クルの方法

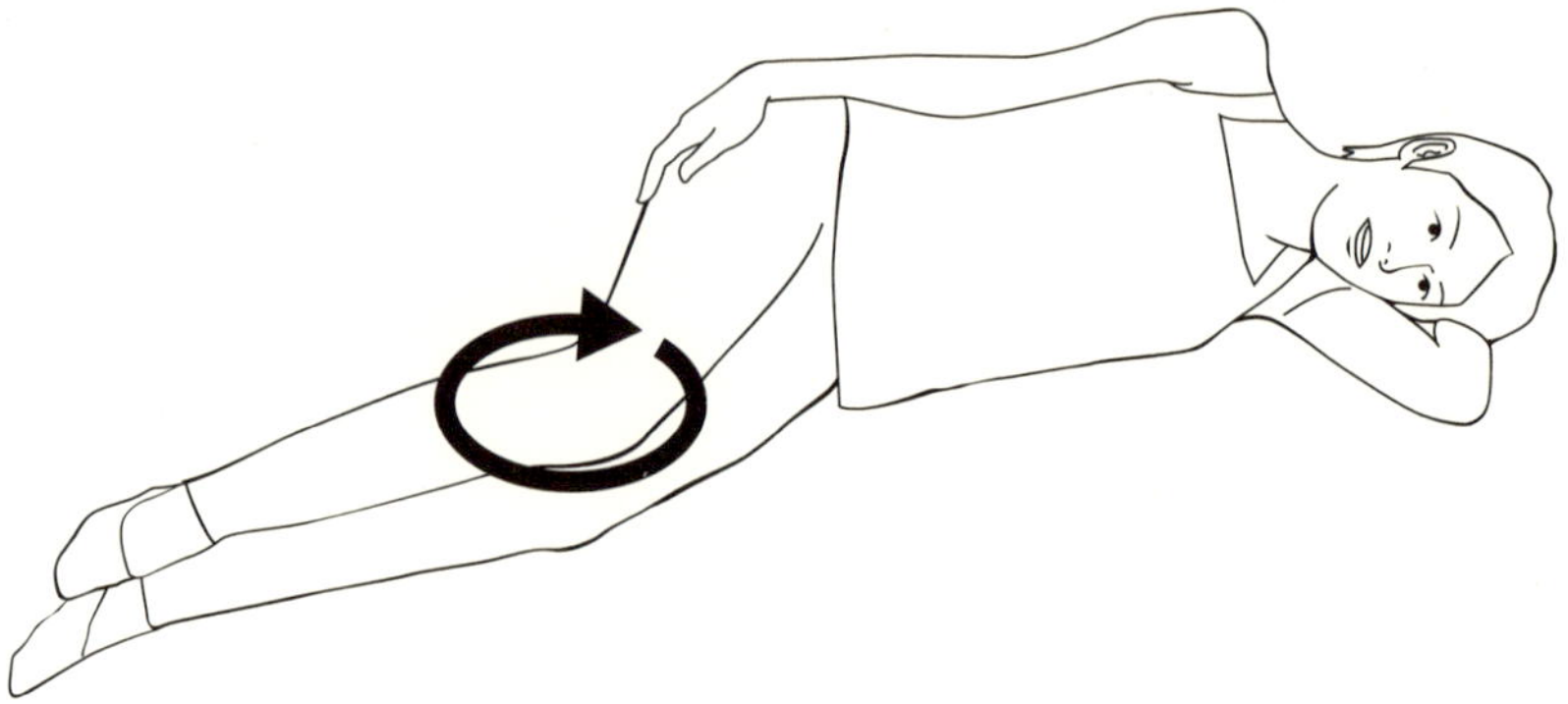

©2018 Hideo Takaoka 運動科学総合研究所

下の膝を上の膝でさすり、薄くなりがちな脚の内側の意識を高める体操。地芯に乗って寝ること。
①横寝でダラーッと力を抜き、下側の腕を枕にして頭を乗せる。上側の手は必ず上側の大転子周りに置く。
②膝を軽く曲げ、両膝を重ね合わせ、上の膝で下の膝の周囲をクルクルとこすり合わせながら周回する。 そのとき、上側の手で大転子周りをさするのも、とても役立つ。
※上の足首が落ちないように、下の足のくるぶしからすねの下部に乗せて、膝同士を重ね合わせ、上の膝で正確に周回運動を行う。
中臀筋・大腿筋膜張筋・腸脛靭帯・外側広筋などの筋肉の柔軟性の向上、脚の内側の疲労の解消、O脚の改善、腰痛の緩和、仙腸関節・股関節を解きほぐし、歩・走運動の上達、運動能力のアップなどが期待できる。

分野です。

しかし、本書の読者のみなさんは、ぜひとも興味をもって取り組んでください。

「外旋↓内旋」という流れをマスターすれば、正確さもあり、どこまでも伸びていくような力強い「Tクロス」が蹴れるようになるはずです。距離にして30~50メートルぐらいのインサイドキックが、縦横無尽に蹴れるようになることでしょう。

日本の選手では、インサイドキックをそこまで上手に蹴ることができる選手はいませんが、その原因は、やはり第一に軸が弱いことにあります。

それから立甲、甲腕一致、甲腕回旋力が使えないこと。

それに対し、世界の一流選手はどうでしょう?　みなさんも直感的におわかりでしょうが、体幹が非常にしっかりしていて、いかにも強そうに見えるはずです。これは軸が強いから、そう見えるのです。

そうであるためには、**やはり地芯に乗れて球軸が通り、肩甲骨が肋骨からはがれ、立甲ができていて、自由に肩甲骨が甲腕一致で回旋力豊かに使えることが必要不可欠です。**肩甲骨が自由に使えない限り、体幹は崩れるしかないのです。

あとがき

メジャーリーガー・大谷翔平選手の肩甲骨の開発度は、世界の全アスリートの中でトップファイブに入ります。立甲は50度までいけるようになるでしょうし、甲腕一致もかなりのレベルに達するでしょう。中でも甲腕回旋力はもっとも伸びしろがあります。

肩甲骨の土台である肋骨使いについて見ると、本書では一言も触れていない「筋下骨動」「骨上筋動」という室町時代の剣術で発達した術技がありますが、大谷は前者は少し使え、後者はまったく使えていません。「骨上筋動」はそれほど難度の高い術技ですが、日本で奇跡の28連勝をしたときの田中将大選手は、これを使えていました。でもメジャーリーグではまったく使えていません。

本書で何度も語っている「地芯に乗る」「地芯に乗って立つ」は、小学生の大谷は現在の大谷よりずっとできていました。大谷は直感的に一番大切なことがわかっているのでしょう、メジャーリーガーになって活躍し周囲がピッチングをほめそやし始めると、「小学校のときがもっともよかった」という主旨の発言をしています。肉がつき体が大きくなった分だけ、脱力もできなくなり、地芯もあいまいになり、軸もボヤけてきて、身体使いが浅くなってきてしまったのです。

トレーニングには、順番があります。肋骨使いにどんなに魅力を感じても、肩甲骨を柔らかく使いこなせない選手が、肋骨を柔らかく使いこなそうなどと考えることは、完全な誤りです。なぜかというと、肋骨使いの第一段階は、肩甲骨が活躍できる〝土台〟として肋骨をシッカリさせる、つまり格定させることだからです。しかもこの「肋骨格定」は、肩甲骨活躍の土台としてだけでなく、体幹をシッカリさせ、アスリートにとって最重要の〝軸〟というものをシッカリ立てることにも、役立ちます。

この「体幹格定」に、正しい体幹トレーニングはもちろん役立ちます。つまり本書が提示している「立甲」「甲腕一致」「甲腕回旋力」をものにするには、いままでやってきた体幹トレを、より正しい方向に修正しつつ継続することも、大切だということです。

＊

ところで、本書には当初「立甲と甲腕回旋力で泳力を高める」の章と「2020年東京オリンピックで、空手が追加種目に選ばれたことについて」のコラムが用意されていました。しかし肩甲骨の真の姿をあきらかにし、そこから全スポーツ種目に役立つ、本格的なトレーニング体系を提示するには紙面が不足することになり、これらの文章は筆者が主宰する運動科学総合研究所公式サイト（http://www.undoukagakusouken.co.jp/rikko_c8column.html）に掲載し、カバーさせていただくこととしました。よろしくご理解のほど、お願いいたします。

＊

私は研究者として、アスリートの指導者として、ひとりの鍛練者として、大切にしている言葉があります。それは「身体には希望がある」という言葉です。人間の身体とそれを支える脳は、文字通り無限の進化の可能性をもち、正しい方法で、正しく粘り強く取り組めば、どこまでも応えてくれますが、間違った方法や、間違った飽きっぽい取り組みでは、何も応えてはくれません。

スポーツを志すすべてのアスリートに、この言葉とともに、本書を捧げたいと思います。

スポーツとトレーニングを愛する、あなたの成功を祈ります。

2018年4月5日

高岡英夫

著者略歴

高岡英夫（たかおか・ひでお）

運動科学者、高度能力学者、「ゆる」開発者。運動科学総合研究所所長、NPO 法人日本ゆる協会理事長。

東京大学卒業後、同大学院教育学研究科を修了。東大大学院時代に西洋科学と東洋哲学を統合した「運動科学」を創始し、人間の高度能力と身体意識の研究にたずさわる。オリンピック選手、企業経営者、芸術家などを指導しながら、年齢・性別を問わず幅広い人々の身体・脳機能を高める「ゆる体操」をはじめ「身体意識開発法」「総合呼吸法」「ゆるケアサイズ」など、多くの「YURU PRACTICE（ゆるプラクティス）」を開発。運動総研主催の各種講座・教室で広く公開、一流スポーツ選手から主婦、高齢者や運動嫌いの人まで、多くの人々に支持されている。地方公共団体の健康増進計画などにおける運動療法責任者もつとめる。東日本大震災後は復興支援のため、ゆる体操プロジェクトを指揮し、自らも被災地で指導に取り組む。

著書には、『究極の身体』（講談社）、『完全版「本物の自分」に出会うゆる身体論』（さくら舎）、『日本人が世界一になるためのサッカーゆるトレーニング55』（KADOKAWA）、『脳と体の疲れを取って健康になる　決定版 ゆる体操』（PHP 研究所）などがあり、100冊を超える。

著者・高岡英夫が主宰

運動科学総合研究所

本書に掲載しきれなかったコンテンツを運動総研公式サイトで公開中です。

第８章：立甲と甲腕回旋力で「泳力」を高める
コラム：2020年東京オリンピックで、空手が追加種目に選ばれたことについて
URL　http://www.undoukagakusouken.co.jp/rikko_c8column.html

本書と合わせてお楽しみください。

運動科学総合研究所では、高岡英夫が開発した「ゆる体操」「ゆるトレーニング」「身体能力開発」「身体意識を鍛える」などの各種講座・教室を開催しています。

・講座、教室の開催日程資料は、運動総研公式サイトの資料請求ページからご請求いただけます。
http://www.undoukagakusouken.co.jp/contact/siryou.html

運動総研コールセンターでも資料請求・お申し込みを承っています。

運動総研コールセンター
電話：03-3817-0390（電話受付10:00 ～ 18:00　日曜日・木曜日定休）
ファクス：03-3817-7724

＊運動総研コールセンターでは、書籍の内容についてのお問い合わせにはお答えすることができませんので、あらかじめご了承ください。

運動科学総合研究所
〒113-0033 東京都文京区本郷3-42-5　ボア本郷3F
http://www.undoukagakusouken.co.jp

ライティング協力　藤田竜太
構成・編集協力　三谷 悠
カバー・本文デザイン　二ノ宮 匡（ニクスインク）
カバー写真　株式会社アフロ、並河 寛
カバーイラスト　株式会社 BACKBONEWORKS
本文イラスト　中山けーしょー、株式会社 BACKBONEWORKS、運動科学総合研究所
DTP オペレーション　株式会社ライブ
編集　滝川 昂（株式会社カンゼン）

取材・企画協力　運動科学総合研究所

肩甲骨が立てば、パフォーマンスは上がる！

発行日　2018年 5 月28日　初版
2023年 3 月13日　第 6 刷発行

著者　高岡英夫

発行人　坪井義哉

発行所　株式会社カンゼン
〒101-0021 東京都千代田区外神田2-7-1 開花ビル
TEL 03（5295）7723
FAX 03（5295）7725
http://www.kanzen.jp/
郵便為替　00150-7-130339

印刷・製本　株式会社シナノ

ISBN 978-4-86255-460-4
Printed in Japan
定価はカバーに表示してあります。